機械安全

鄭世岳◎著

Machinery Safety

國家圖書館出版品預行編目（CIP）資料

機械安全 ＝ Machinery safety ／ 鄭世岳著. --
初版. -- 新北市：揚智文化事業股份有限
公司, 2023.06
　　面；　公分（工業管理叢書）

ISBN 978-986-298-415-4（平裝）

1.CST: 工業安全　2.CST: 機械工程　3.CST:
職業災害

555.56　　　　　　　　　　　　112001178

工業管理叢書

機械安全

作　　　者／鄭世岳
出 版 者／揚智文化事業股份有限公司
發 行 人／葉忠賢
總 編 輯／閻富萍
地　　　址／新北市深坑區北深路三段 258 號 8 樓
電　　　話／(02)8662-6826
傳　　　真／(02)2664-7633
網　　　址／http://www.ycrc.com.tw
 E-mail ／service@ycrc.com.tw
 I S B N ／978-986-298-415-4
初版一刷／2023 年 6 月
定　　　價／新台幣 350 元

序

　　自工業革命後，生產方式產生重大的變革，機械代替人力成為生產的主流。機械的動力遠大於人力，機械因缺乏安全防護而造成的傷害，也遠比手工生產更為嚴重，輕則皮開肉綻，重則身首異處。為防止機械造成的傷害，各國的職業安全法令，制定許多機械安全防護的標準。早期的勞工安全衛生法規，在機械安全方面強調雇主的責任，許多事業雇主因為對機械安全防護認知不足，購置不安全的機械設備，導致勞工使用發生職災，要負完全的責任，並無法根本解決機械安全的問題。若能從機械設計、製造階段即導入安全的觀念，生產、販售或輸入安全的機械，才能讓機械危害得以控制，所謂的源頭管制的概念。現在勞動部職業安全衛生署推動機械設備源頭管理，強調機械設備在設計、製造階段，應該實施危害風險評估，針對潛在的危害施以安全的防護對策，並執行機械「安全驗證制」，規定機械製造商及使用者之安全責任。本書係針對職業安全相關科系，開授機械安全課程而編撰，職安科系學生應認識機械設備源頭管理的具體作法，且對機械設備的基本構造、原理應有粗淺的概念，才能瞭解機械危害動作及防護方式。此外，對於ISO12100、ISO13849及ISO14121等國際標準，有關機械安全防護規範，在本書中均有詳加解說，並與現行機械安全相關法規進行比較，有系統地整理與歸類。希望編撰這本教科書，有助於強化機械安全課程在源頭管理的觀念與作法。

鄭世岳 謹識

2023年2月

目　錄

機械安全

Chapter

1

機械基本概念

- 機件
- 機械運動
- 機械種類

　　機械（machine）是兩個或兩個以上的機件（machine parts）組成的集合體，並將其作成可以發生相對運動的所謂可動性的結合，而其中一個機件接受外界的能量或運動時，使其他機件發生一定之拘束運動，並產生一定之效果或工作（effect or work）。有一些機械單純轉換力的大小或（及）方向，被稱為簡單機械。而複雜機械就是由兩種或兩種以上的簡單機械構成。在日常生活和產品生產過程中，人們廣泛使用各種機器完成人類所需要的工作。但機器本身並不能產生能量，必須依靠外界輸出能量，使其運轉而作功。

第一節　機件

　　機件常稱為機械元件，僅為一個單件，是構成機械的最基本元素，如連桿、軸承、螺栓、彈簧、鏈條等，通常均假設為剛體。而剛體即是物體受外力作用時，物體內各質點間之距離均保持不變者。機件有許多的形狀及各種不同的功用，但歸納起來，基本機件可分為下列五種：

一、固定機件

　　用以導引或限制機件之運動，如軸承、機架導槽、襯套及汽車底盤。

二、連結機件

　　用以連結各機件，藉以達成所需之機件組合體，如鉚釘、銷、鍵、螺栓及螺帽。

三、控制機件

用以控制運動形態或傳達力量,如彈簧、連桿、制動器及離合器。

四、傳動機件

用以傳達運動或動力,又稱活動機件,如軸、齒輪、凸輪、導螺桿、汽缸中之活塞及聯結器。

五、流體機件

用於輸送液體或氣體者,如管件及閥。

第二節　機械運動

在一機構中的各機件,凡是能推動其他機件運動者,稱為主動件或原動件。凡受其他機件影響而運動者,稱為從動件。

一、直接接觸傳動

1.滾動接觸:如**圖1-1**所示之摩擦輪。
2.滑動接觸:如車床床台上之床軌與刀具溜座(床鞍)的接觸傳動,如**圖1-2**。

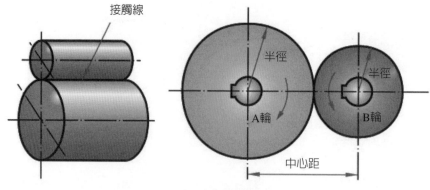

接觸線

半徑

半徑

A輪

B輪

中心距

圖1-1　滾動接觸

床鞍

床軌

圖1-2　滑動接觸

二、間接接觸傳動

1.剛體連接物：如圖1-3所示曲柄滑塊機構之連桿，能傳送推力及拉力。

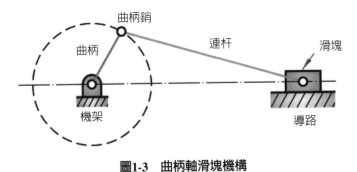

曲柄銷

曲柄

連杆

滑塊

機架

導路

圖1-3　曲柄軸滑塊機構

2.撓性體連接物：只能傳送拉力，而不能傳送推力，如**圖1-4**所示之皮帶、繩索及鏈條等。

3.流體連接物：將流體限制於密閉容器中，可傳送推力，如油壓、氣壓機構（**圖1-5**）。

三、非接觸（non-contact）傳動

主動件與從動件間利用「超距力」來傳送動力或運動者，如利用電磁作用的磁浮列車、電磁離合器等。

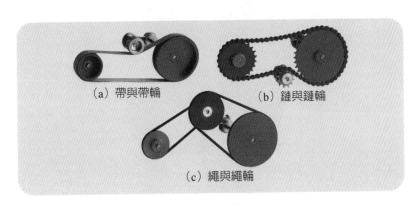

（a）帶與帶輪

（b）鏈與鏈輪

（c）繩與繩輪

圖1-4　撓性體連接物

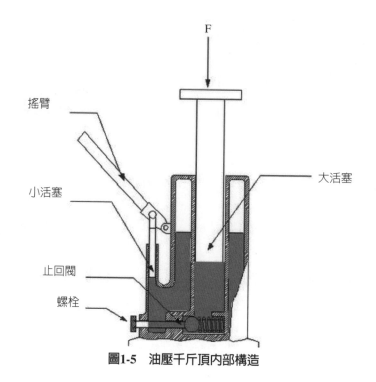

F

搖臂

小活塞

大活塞

止回閥

螺栓

圖1-5　油壓千斤頂內部構造

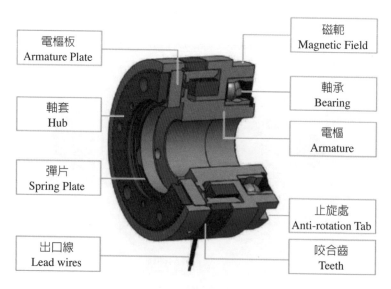

電樞板
Armature Plate

磁軛
Magnetic Field

軸套
Hub

軸承
Bearing

電樞
Armature

彈片
Spring Plate

止旋處
Anti-rotation Tab

出口線
Lead wires

咬合齒
Teeth

圖1-6　電磁離合器

第三節　機械種類

一、依作功的種類

可分為原動機械與作業機械，說明如下：

(一)原動機械

將化學能、電能、位能等變為機械能，用為各種作業的動力源，內燃機（汽油、柴油）、蒸汽原動機（蒸汽機、氣輪機）、電動機等皆屬之。

(二)作業機械

從原動機械接受能量，進行目的作業者為作業機械，工作母機（車床、銑床等）、製造機械（紡織機、射出成型機）、運搬機械（起重機、輸送帶）、建設機械（挖土機、鏟裝機）。

二、依其動作方式

可分為運轉機械與靜止機械，說明如下：

(一)運轉機械（dynamic machine）

機械動作屬動態的運作方式，動作種類分為移動、轉動及兩者之混合運動，如原動機、衝剪機械等。

(二)靜止機械（static machine）

　　機械動作屬靜態的運作方式，廣義的機械也包括靜止機械，如鍋爐、壓力容器等。

Chapter
2

機械危害

　　近年來在勞動部及相關產業的努力之下，我國的職業災害比率有下降的趨勢。**圖2-1**是101～108年我國全產業傷病、失能及死亡人次的變化。**圖2-2**為108年職業災害統計全產業災害類型分析，由圖可知，全產業職災失能傷害災害類型分析，被切割擦傷（13.95％）及被夾被捲（12.55％），兩者總和為26.5％，居所有災害類型之冠，而兩者主要來自於機械造成的傷害。事業單位需要用到各式的生產機械，而機械又必須以能量來驅動，因此機械上便會存在各種形態的危害源。以上由職災統計結果大致可掌握目前我國在降低職災所面臨的問題，也反映出以機械、設備大量取代人工之工業生產技術之職業災害的主要特徵。隨著機械的大型化以及複雜化，起因於機械的職災也越趨嚴重，如何防止危害的發生，仍將會是未來我國降低職業災害的一大課題。

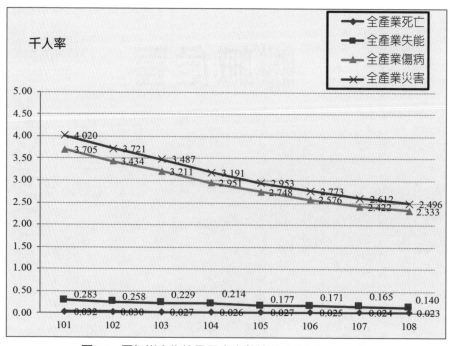

圖2-1　歷年災害失能及死亡人數統計（勞動部，2019）

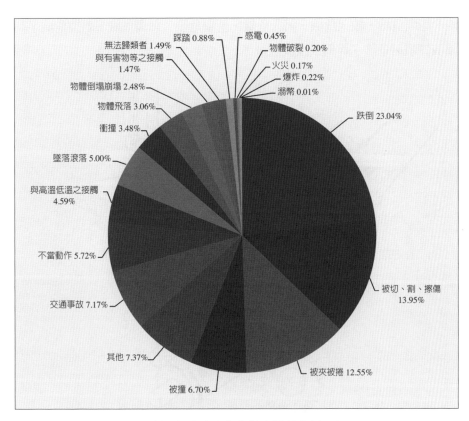

圖2-2　108年職業災害統計全產業災害類型分析（勞動部，2019）

　　機械運轉過程除了機械本身的危害之外，尚可能衍生其他危害，依國際標準ISO12100:2010（E）（如**表2-1**），將機械產生的危害分為：電氣危害、熱危害、噪音危害、振動危害、輻射危害、材料／物質之危害、人因工程危害、與機器使用環境有關的危害及上述危害綜合之組合危害。

一、機械性危害

　　機械性危險是由於機械元件、工具或工件的機械運動，或是固體或液體噴射所造成的物理因素；機械性危險的基本型式包括擠壓危險、剪斷危

險、切斷危險、絞入危險、陷入危險、衝擊危險、刺傷危險、磨擦危險、高
壓液體噴射危險、絆倒或跌倒危險等。

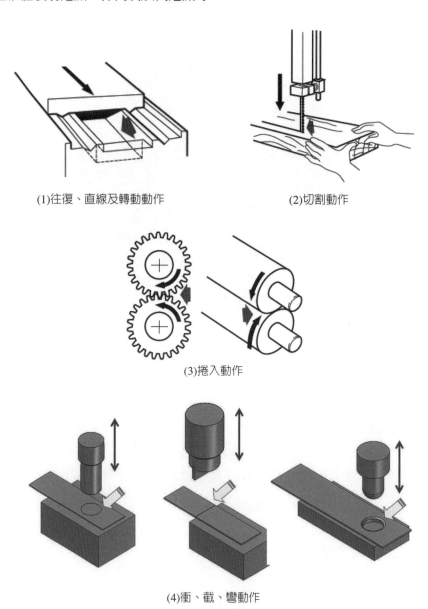

(1)往復、直線及轉動動作

(2)切割動作

(3)捲入動作

(4)衝、截、彎動作

圖2-3　各類機械危害

二、電氣性危害

電氣的危險會導致人員感電或燃燒，引起人員傷害或損害健康，或是機械損壞，其原因包括：

1. 人員接觸到導電元件（常態下帶電元件）。
2. 人員接觸到非常態導電元件（尤其是指絕緣破壞或失效狀態）。
3. 在高電壓範圍內人員接近導電元件。
4. 非預期使用條件的絕緣物質。
5. 靜電效應。
6. 過載、溫升、接地不良、保護協調不當。

三、異常溫度危害

異常溫度的危險包括接觸異常溫度的物體或材料，熱源的輻射熱及火燄或爆炸所造成的燒傷或灼傷；或是人員在過冷或過熱的環境下執行作業，造成危害健康的影響。

四、噪音危害

機械運轉時因機件之間，或動力傳動裝置間的摩擦或振動而產生的噪音，傳動馬達、球磨機、空氣鑽等產生強烈噪音之機械以及發生強烈振動及噪音之機械，使人員暴露於噪音之工作環境，導致人員聽力受損。

五、振動危害

　　機械振動是物體或質點在其平衡位置附近所作的往復運動。振動的強弱用振動量來衡量，振動量可以是振動體的位移、速度或加速度。人員操作明顯產生振動的機械，導致人員手部神經及微血管損傷，例如在寒冷的環境使用鏈鋸，而致使勞工產生白指病。

六、輻射危害

　　機械運作過程產生的輻射能量，如雷射切割機、X光機、微波爐等都可能產生輻射危害，機械本身若缺乏安全防護，將導致人員暴露於輻射危害當中。輻射危害分為游離輻射與非游離輻射，游離輻射可以從原子或分子裏面電離過程（ionization）中作用出至少一個電子。反之，非游離輻射則不行。X光、g射線屬游離輻射，有較高之穿透力，造成的傷害也較嚴重；雷射、微波屬非游離輻射，穿透力較弱，屬非游離輻射，通常造成的傷害不如游離輻射。

七、材料／物質之危害

　　機械所處理、使用或排放的材料或物質，和用來製造機械本身的材料或物質，都有可能產生危險，包括：

1. 由於接觸、皮膚滲透、吸入或食入具有毒性、腐蝕性、刺激性的液體、氣體、燻煙、粉塵、蒸氣和灰塵等物質。
2. 不相容的材料或物質造成反應，所引起的毒性、腐蝕性物質，或是火災和爆炸的危險。

3.暴露或接觸黴菌、細菌、病毒引起的生物性危害。

八、人因工程危害

設計機械時忽略人體工學的原則，使得機械和人體特性和能力配合錯誤，導致：

1.生理性危險：如不良的姿勢、不當的施力或連續重複性的動作，導致人員骨骼肌肉不良的影響。
2.心理性危險：在機械的使用範圍內操作、監控或維修機械時，因心智負擔過重、壓力過大，造成心理及生理的交互影響之人為疏失。

九、與機器使用環境有關的危害

機器使用環境有關的危害來源有工作人員所處的位置、工作環境中的粉塵及霧、電磁擾動、閃電、濕度、汙染、雪、溫度、水、風、缺氧等造成。

十、組合危害

重複性活動＋費力＋環境溫度高。

表 2-1　機械危害及其造成的後果（ISO12100 表 B.1）

項次	類別	危害範例	
		來源	潛在後果
1	機械危害	・加速、減速 ・有角的零件 ・向固定零件接近的移動元件 ・切割／切削零件 ・彈性元件 ・墜落物 ・重力 ・距離地面高 ・高壓 ・不穩定 ・動能 ・機械的可動性 ・移動元件 ・旋轉元件 ・粗糙表面、光滑表面 ・銳邊 ・儲存的能量 ・真空	・碾壓 ・拋出／甩出 ・擠壓 ・切割或切斷 ・捲入或陷入 ・纏繞 ・摩擦或磨損 ・碰撞 ・噴射／射出 ・剪切 ・滑倒、絆倒和跌落 ・刺穿或刺破 ・窒息
2	電氣危害	・電弧 ・電磁現象 ・靜電現象 ・帶電元件 ・與高壓帶電元件之間無足夠的距離 ・超載 ・故障條件下變為帶電的元件 ・短路 ・熱輻射	・燒傷 ・化學效應 ・對醫學植入物的影響 ・電死 ・墜落、甩出 ・著火 ・熔化顆粒的射出 ・電擊
3	熱危害	・爆炸 ・火焰 ・高溫或低溫的物體或材料 ・熱源輻射	・燒傷 ・脫水 ・不適 ・凍傷 ・熱源輻射引起的傷害 ・燙傷

（續）表 2-1　機械危害及其造成的後果（ISO12100 表 B.1）

項次	類別	危害範例	
		來源	潛在後果
4	噪音危害	・空蝕現象（cavitation） ・排氣系統 ・氣體高速洩漏 ・加工程序（衝壓、切削等） ・移動元件 ・刮擦表面 ・不平衡的旋轉元件 ・氣體發出的汽笛聲 ・磨損元件	・不適 ・失去知覺 ・失去平衡 ・永久性聽覺喪失 ・緊張 ・耳鳴 ・疲勞 ・其他（因機械、電氣引起） 　干擾語音傳遞或聽覺信號的 　後果
5	振動危害	・空蝕現象 ・移動元件偏離軸線 ・移動設備 ・刮擦表面 ・不平衡的旋轉元件 ・振動設備 ・磨損元件	・不適 ・脊椎彎曲 ・神經失調 ・骨關節病變 ・脊柱損傷 ・血管病變
6	輻射危害	・游離輻射源 ・低頻電磁輻射 ・光輻射（紅外線、可見光和 　紫外線），包括雷射光 ・無線電頻率電磁輻射	・燒傷 ・對眼睛和皮膚的傷害 ・影響生育能力 ・突變 ・頭痛、失眠等
7	材料 / 物質之危害	・煙霧質（氣溶膠） ・生物和微生物（病毒或細菌 　製劑） ・易燃物 ・粉塵 ・爆炸物 ・纖維 ・可燃物 ・流體 ・臭氣 ・氣體 ・霧滴 ・氧化劑	・呼吸困難、窒息 ・癌症 ・腐蝕 ・影響生育能力 ・爆炸 ・著火 ・感染 ・突變 ・中毒 ・過敏

（續）表 2-1　機械危害及其造成的後果（ISO12100 表 B.1）

項次	類別	危害範例	
		來源	潛在後果
8	人因工程之危害	・通道 ・指示器和視覺顯示單元的設計或位置 ・控制裝置的設計、位置或識別 ・費力 ・閃爍、炫光、陰影、頻閃效應 ・局部照明 ・精神太緊張 / 精神不集中 ・姿勢 ・重複的動作 ・可見性	・不適 ・疲勞 ・肌肉與骨骼病變 ・緊張 ・其他因人為錯誤引起的後果（如機械的、電氣的）
9	與機器使用環境有關的危害	・粉塵和煙霧 ・電磁干擾 ・閃電 ・濕度 ・污染 ・雪 ・溫度 ・水 ・風 ・缺氧	・燒傷 ・輕微疾病 ・滑倒、跌落 ・窒息 ・其他由機器或機器部件危害源所造成的後果
10	組合危害	・重複性活動＋費力＋環境溫度高	・如脫水、失去知覺、中暑

Chapter 3

機械危害風險評估

- 機械的限制
- 危害辨識
- 風險估計
- 風險評估

　　風險評估是為了確保安全性所做的一項最基本的作業程序。在化工、電氣、醫療、金融等各行業領域裏都有實施，尤其在機械領域，更是廣泛被用於工作機械、產業機械、建設機械等各領域，這是一個評估安全性的手段。「安全」，英文叫做safety，回歸至語源的意思是指「安全」就是「不用擔心」的意思。以生活常識來說是指「不用擔心會受到危害」的意思，對於機械安全則應該解釋成「機械可以使用，不用擔心會受到危害」，但「不用擔心」並不表示是絕對安全。我們的日常生活裏，或多或少都生活在潛藏危害的不確定因素當中，所謂「安全」是指極少可能會發生危險或傷害等不利因素的狀況。這個不利的可能性就是「風險」，一般認為「風險」是指發生機率和危害程度這兩個因素的組合。風險評估最重要的步驟是危害的辨識或認定，因為若在這個階段疏忽了機械所伴隨的危害源的話，就無法對此訂立對策。

　　危害源的辨識與確定不是只有機械普通運轉時而已，當機械的製作、搬運、組裝以及設置、試運轉、停止使用、拆解以及安全上有問題時，要像廢棄處置般地全盤考量機械壽命上所有的狀況，想像從危害的潛藏到危害事態的發生，認定該機械所伴隨的全部危害源、危險狀態以及危險現象。風險評估是指不管有任何危險，為了避開那個危險，應做哪些必要的措施，且實際上能執行的一項合理的科學方法。

　　風險評估首先要從機械類的限制開始認定，在機械的限制範圍內，認定機械可能會構成的各種危害源（永久性的危害源以及無法預期出現的危害源），在可能發生的因素範圍內，以定量的資料為基礎，估計各種危害源會發生可能存在的各種風險，然後決定最終結果是否有必要降低風險的一項作業。

　　圖3-1為風險評估之流程圖，其中包含決定機械的限制、危害辨識、風險估計、風險評價等四個程序。

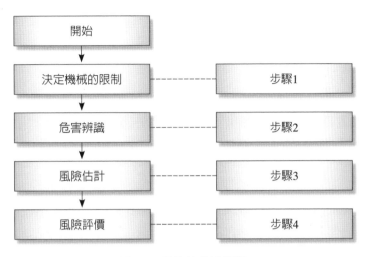

圖3-1　風險評估流程圖

第一節　機械的限制

　　機械設備所有的使用狀況在合理可預期的情況之下，都必須具安全性。因此，機械設備製造廠商首先應確定機械設備的使用範圍，稱機械的規格限制。機械設備製造廠商可以斟酌機械設備的構造來限制其使用方法（預期使用、機械設備的範圍、構成零件等的壽命）。同時也能以文書方式明確地指示其限制內容（合理可預見的錯誤使用、操作者的經驗、能力、零件的更換時期等）。透過指定這些內容，人和機械設備的關係變得更加明確了。因為人一旦接近或碰觸機械設備的危害源就會產生危害。

　　實施風險評估時，一開始便要將機械設備使用時的全部狀況（機械設備的預期使用：合理可預期的狀況）都條列清楚。此處所謂的「使用」並不局限於一般認知的生產而使用，而是還包含了機械設備的設置或調整、清掃或維修、解體作業等。這稱為機械設備的預期使用，明確地表示與機械設備間的關係，如機械設備的規格或設置狀況為何，在何種狀態下由何

人所操作等關係。

一、人員方面

　　機械設備製造廠商在機械設備的產製過程關於人員方面，應考慮以下相關內容，必須對於機械實際使用狀況，透過文書的方式說明機械設備的使用限制。

1.應考慮機械設備的壽命週期（請參閱**表3-1**）中，各階段的使用狀況，包含機械設備的製造、改造、搬運、流通（包含商品展示中）、組裝或設置、調整、試機、一般的使用（重置、操作、清掃、故障排除、保全等）、解體或報廢（或者是撤除設備）等。在這些階段中，應掌握使用機械設備的作業員或其他人員與機械設備間之關係。

2.根據合理可預見的誤用（如**表3-2**所示），必須考慮人與機械設備的關係，或者以機能失常（如**表3-3**所記載的現象等）來說，必須考慮人對機械設備的動作所產生的反應。

表3-1　機械設備的壽命週期範例

壽命週期	壽命週期的詳細內容
製造階段	機械設備製造廠商製造機械設備時的階段（包含出貨前的調整、試機等）。
出貨、搬運階段	由機械設備廠商直接搬運或透過搬運業者、租賃業者來搬運機械設備給機械設備使用者的階段。
組裝、設置階段	機械設備廠商在機械設備的使用場所組裝、設置，或在機械設備使用場所透過機械設備使用者的生產技術來組裝、設置的階段。
調整、試機階段	機械設備製造廠商在使用場所進行調整、試機的階段。 由機械設備使用者來進行調整、試機的階段。
使用階段	除了機械設備的運轉操作之外，加上重置、保全、故障修理、檢查、清掃、補給等動作的階段。
解體、報廢階段	由使用者、廢棄業者進行解體、報廢機械設備的階段。

表3-2　合理可預見的錯誤使用之發生時機

1	使用機械設備發生機能失常、事故或故障時，人所產生的反射動作。
2	注意力不集中或因疏忽（並非故意誤用機械設備）所產生的人為行為。
3	在完成作業的過程中，因採取「最小阻力線」^註，所產生的行為。
4	無論發生何種狀態，為了使機械設備持續操作而施加壓力的行為（因為考慮到機械設備停止後會產生危害）。
5	人的特定行為（例如孩童或行動不便的人等，可能會與一般身體尺寸的作業員有不同舉動之人）。

註：最小阻力線也有人說是「抄近路」、「省略行為」，這是將心理學（形態心理學）
　　領域中的「人類知覺會將目前的事物如何彙整」名稱，以白話的方式加以表現。
　　最小阻力線是指「在已充分理解的模式裏，以當時所能給予的條件，彙整出整體上
　　最簡單、最有規律、最佳形態的傾向」之表現。總而言之，即想要輕鬆一點（不想
　　做麻煩的事、偷工減料、想要儘早完成等），因此而不做本來應該要做的動作、行
　　動。

表3-3　機械設備發生的機能失常

1	加工材料、工件的特性或尺寸的變化。
2	機械設備的構成零件或其中之一種（或兩種）機能故障。
3	外部干擾（阻礙：例如電磁干擾、衝擊、振動）。
4	設計錯誤或設計不良（例如軟體程式錯誤）。
5	動力供給異常（例如電壓、空壓的大幅變動）。
6	周圍的狀況（例如因地層下陷導致固定機械設備的地面失去水平）。

　　合理可預見的錯誤使用，主要是指利用該台機械設備的使用說明書中
沒有記載的方法來操作機械設備，例如利用鑽床主軸回轉來纏繞鋼絲等現
象，這是一般的思考邏輯可預期的現象，而且是不正確的機械設備使用方
式。至於機能失常，當遭遇到那樣的狀況時，重點在於機械作業員等人員
對機械設備採取什麼樣的動作（反應）（如**圖3-2**）。

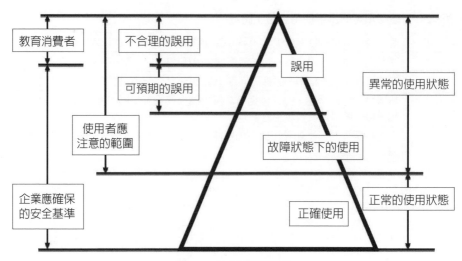

圖3-2 使用型態類別

使用上大致可區分為以下三種：

1.正確使用。
2.故障狀態下使用。
3.誤用。

而誤用還可以分為以下兩種：

1.可預期的誤用。
2.不合常理的誤用。

因此應該注意以下各點：

1.應考慮作業員等人員的特性，例如視覺、聽覺等五官感受，體形，體力，年齡，性別，慣用手等，在實際操作機械設備時的狀況。
   具體而言，當機械設備的操作位置或操作能力、操作次數等，不符合作業員的體形、體力時，即使依照規定的方式來進行操作，也會發生腰痛等情況，經年累月下來，操作動作會變得越來越辛苦，最

後可能會導致無法遵循規定的操作方法，演變成危險操作等。

2.應預先考慮可預期的各機械設備使用者之熟練度、經驗年資、作業能力等水準，例如一般的機械設備使用人員、接受過該機械設備相關訓練之學員，通常不從事機械設備操作的成年人等。

關於操作該機械設備的能力高低，人的行動尤其是在不穩定的狀態下，其對應方式是相當不同的。舉例來說，就駕駛車輛而言，就是初學者與經驗豐富的老手之差別。所以必須要掌握到這些人所產生的不同行動才行。

3.應考慮合理可預期的第三者接近時的狀況，不只是直接使用機械設備的作業員，也包含零件補給人員、與其機械設備有關連之作業人員、參觀人員等。

以不同的機械設備來說，不應該只局限在狹義的生產活動上，而是要考慮各種可能的狀況才行。應盡可能地找出機械設備與人之間的關係。例如從事搬運該機械設備使用材料或產品的人員、機械設備的清掃或保養人員、使用周邊機械設備或裝置的人員，以及在隔壁機械設備的作業員等，甚至於來確認該機械設備運轉狀況等的人員、一般的工場參觀人員等都要注意，另外也要注意在附近通行道路上步行的人等。

二、設備方面

透過機械設備的規格書或使用相關者等的檢討，可以明確掌握到對象機械設備如何進行作業的狀況。考慮機械設備使用上的條件，將機械設備操作時的所有狀態區分成下列各項目：

1.考慮利用機械設備的操作模式（自動操作、手動操作、計劃安排、指示工業用機器人等）來進行作業，除了工作上的搬入、調整、設定等這些所謂的準備、計劃安排等作業之外，機械設備的操作條件也應

包含其他如接近作業員操作的機械設備時之條件。

2. 考慮機械設備可動作的操作範圍（不僅注意透過控制可達到的可動範圍，應該要廣泛注意機械設備所應有的最大操作範圍），當機械設備的機能失常時，動作可能會達到最大操作範圍時的動作，或應考慮安裝機械設備時的空間條件（不僅於平面，空間性的範圍或建築物的牆壁、天花板、其他結構物、與其他機械設備間的距離等都要注意）。

3. 考慮機械設備以及其構成零件在使用壽命上的條件（零件的更換時期、方法、頻率、零件的報廢處理等都要注意）。

三、具體做法

準備進行風險評估前，必須活用**表3-4**所示的「實施機械設備的風險評估前應明確的事項之範例」進行查核，以確認目前有明確表示的內容是否遺漏，這是風險評估所必須要的資訊。

此外，雖然有必要在機械設備壽命週期中的所有階段都實施風險評估，但無法一次實施壽命週期中所有階段的評估。以實務上而言，可以將壽命週期分割成好幾個階段，然後依序實施風險評估，至於在哪個階段必須實施何種風險評估，應該要先確認再實施評估。

圖3-1步驟1【決定機械的限制】中，要先考慮機械設備壽命週期中的全部階段，然後再指定機械的限制規格，其中最基本的是要以各個觀點來決定該從每個階段的哪個部分開始著手。在運用上，其實也可以在特定的壽命週期中決定機械的限制。然而，並非只從容易實施的階段著手，而是應該要從安全性最受威脅的階段開始進行。

表3-4　實施機械設備的風險評估前應明確的事項之範例

分類	機械設備的使用狀況	檢查內容	活用 風險評估
機械設備 的規格等	‧機械設備的能力等規格。	明確表示機械設備的能力等規格。	推估風險
	‧機械設備以及其構成零件在壽命上的條件。	明確表示機械設備的壽命、構成零件的壽命和更換時期（頻率）、更換方法、零件的報廢處理方法等。	推估風險
	‧機械設備可動件的操作範圍，或安裝機械設備時的空間條件。	除了明確表示機械設備可動件的操作範圍之外，安裝的空間條件也要明示。	推估風險
機械設備 的使用目 的與用途	‧機械設備的使用目的與用途。	明確表示機械設備規格書上的目的與用途。	確認危害源
	‧以機械設備的使用目的與用途來預期作業等。	不只在機械設備的使用階段，在壽命週期上所有與作業相關的內容等，均應明確表示。	確認危害源
	‧合理可預見的錯誤使用。	應明確表示會發生合理可預見的錯誤使用場合。	確認危害源
	‧在機械設備或軟體的可預期機能失常時，人所產生的行為。	明確表示當機械設備或軟體所導致的機能失常時，人會產生的行為。	確認危害源
預期與機 械設備有 關連的人 員	‧不只是指直接操作機械設備的作業員，包含負責保全作業的人員、與該機械設備相關的作業員、參觀人員等，所有可能會接近機械設備，合理可預期的人員。	明確表示誰會在什麼樣的狀況下，可能接近機械設備。	確認危害源
	‧一般的機械作業員、接受過該機械設備相關訓練之學員、預期可使用機械設備的人員之熟練度、經驗年資、作業能力等水準。	考慮基本上能夠從事工作的所有人員之能力。	推估風險
	‧使用機械設備的人員所特有的各種能力、特性（視覺或聽覺等五官的狀態、體形、體力、年齡、性別、慣用手等）。	考慮基本上能夠從事工作的所有人員之能力。	推估風險
預期使用 機械設備 的期間	‧機械設備的壽命週期（從製造機械設備到報廢為止：請參閱**表3-1**）。	明確具體地表示機械設備在壽命週期上的每個階段。	確認危害源
預期使用 的場所	‧使用機械設備的場所。	明確表示使用場所（也要考慮溫度、濕度、高度等條件）。	推估風險

第二節　危害辨識

　　危害源的認定特定於依機械可能會構成的各種危害源（永久性的危害源以及無法預期出現的危害源）。在ISO12100-1的第四章規定了如**表3-5**及**表3-6**一般的危害源。關於危害源的詳細資訊在ISO14121的附屬資料裏面也有說明。危害源的確認，其實施方法請依照下列順序進行：

1.辨識與機械設備相關的所有危害源。
2.預測危害源和人員之間的關係會發生之危害（傷害、損害健康），辨識所有的危害源、危險現象。

　　在JIS B 9700-1：2004有關危害源的定義爲「引起危害的潛在根源因素」。如果危害源只有單純存在的話，是不會構成危險狀態的，當人員因爲作業等因素，與危害源之間產生關係時，這時才會形成危險狀態。也就是說，在危害源的廣大範圍內，當人員的行動範圍與危害源的範圍出現重合現象（分爲空間上的重合和時間上的重合）時，就會產生危險狀態。

1.空間上的重合：如作業員進入工業用機器人的操作範圍等，這在空間上是表示危害源和人員是處於同一空間的狀態。
2.時間上的重合：依時間的變化，會產生危險或安全的任一種狀態。一般而言，當機械設備停止時〔這裏所指的停止，是指遮斷機械設備的動力源而停止的狀態（停止類別爲0或1）。但實際上，其實大多都有維持動力源，只是處於待機的停止狀態而已（停止類別爲2）。這時若周遭有人員存在，即構成危險狀態〕，即使空間上有重合也不屬於危險狀態。例如當機械設備停止時，即使作業員接近工業用機器人也是安全的，但若機械設備處於操作中的狀態，則作業員接近的話，便是屬於危險狀態。

表3-5　機械類的限制

限制		限制要素範例
使用上的限制	預期使用（和人的交互作用／對象設計範圍）	1.壽命週期上的相互作用：(1)系統、構成；(2)搬運；(3)組裝以及安裝；(4)試運轉；(5)使用狀態；(6)使用停止、分解。 2.機能不良所伴隨的相互作用：(1)加工品的特性、尺寸、形狀的變化；(2)構成零件或者機能故障；(3)衝擊、振動、電磁干擾、溫度、濕度等環境變化；(4)設計錯誤或者是設計不良，包含軟體上的錯誤；(5)動力供給異常、電源變動；(6)機械的安裝或人為干擾等機械周遭的狀況變化。 3.對象、作業員：(1)操作員、技術員、見習生／初學者；(2)性別、年齡、慣用手、身障者；(3)機械周圍作業員、監管者、稽核員；(4)第三者。
	合理的考慮可能預測到的錯誤使用	(1)依操作員不當操作而發生；(2)機能不良、事故發生之前人的反射動作；(3)注意力不集中或者粗心導致錯誤操作；(4)在作業中被近處災害波及；(5)第三者的行動。
	無預期起動	(1)控制系統故障或者因雜訊等外部影響產生起動指令而起動；(2)感應器或動力控制要素等，因不當使用機械的其他部分導致起動；(3)隨著動力中斷後，再復歸而起動（如停電再來電而起動）；(4)機械受重力或者風力引發內燃機起動等，依據對機械外部的影響或者從內部的影響導致起動；(5)機械的停止類別。
空間上的限制	機械的動作範圍	傳動裝置的可動範圍，以及其可動速度或者動能。
	操作者與機械間的空間	適合機械大小的使用場所、操作面板的位置、操作者的作業範圍、維護時的點檢／修理空間、點檢部位的通道、工具或加工物的放出、機械的反應時間。
	機械—動力間的介面	機械可動部分的過負荷對應、異常時的能源切斷、儲能的釋放、消散或抑制。
	作業環境	階梯、梯子、欄杆的設置，平台。
時間上的限制	機械性的限制	加工用的砥石或鑽孔機等工具的更換時期，可動部分的軸承或油空壓零件的密封壽命。
	電氣上的限制	絕緣劣化、接點壽命、包覆配線的磨耗、接地線的脫落。

表3-6　危害源

危害源	性質等
機械的危害源	因可動機械和人直接接觸，結果會發生被機械或裝置捲入，或者被夾傷的危害源： 1.擠壓、壓潰。 2.剪斷。 3.切、割。 4.捲入。 5.夾入、拉入。 6.衝擊。 7.穿刺。 8.擦傷。 9.高壓流體噴入、噴出。 起因於機械零組件或加工物，如以下原因所引起： 1.形狀。 2.相對位置。 3.質量的安定性（受重力影響而動作之構件的位能）。 4.質量的速度（控制或無控制運動之構件）。 5.不適當的機械。
電氣的危害源	起因為電氣的危害源，依下列原因可能會發生的危害： 1.直接接觸（和充電部分的接觸、在正常運轉時導體或者導電性的部分過電壓）。 2.間接接觸（不良狀態時、尤其以絕緣不良的結果來說，呈現充電狀態的部分）。 3.人接近充電部分，尤其是接近高電壓區域時。 4.在合理可預見的使用條件下的絕緣失效。 5.因人接觸帶電部分所發生的靜電現象。 6.熱輻射。 7.起因為短路或者過載所產生的化學性影響或者放出溶料物的現象。 8.依觸電產生驚嚇的結果，可能導致人墜落（或者是從被觸電的人身上掉下物品）。
熱的危害源	因人類接觸表面異常的溫度（高低）所發生的危害源： 1.依接觸極端溫度的物體或材料，受到火焰或爆炸或熱源的輻射所造成的燒傷或燙傷。 2.因高溫作業環境或者低溫作業環境所導致的健康障礙。
依噪音所產生的危害源	依機械所產生的噪音會導致以下結果的危害源： 1.永久性的喪失聽力。 2.耳鳴。 3.疲勞、壓力。 4.喪失平衡感或者喪失意識等其他影響。 5.口頭傳達或者對音量、信號的知覺產生障礙。

（續）表3-6　危害源

危害源	性質等
依振動所產生的危害源	依長時間的低振幅或者短時間的強烈振幅而產生下列危害的危害源： 1.嚴重不適。 2.依全身振動所產生的強烈不適感。 3.依照手及手腕的振動產生手臂振動症候群般的血管阻塞、神經障礙、骨或關節障礙。
依輻射所產生的危害源	依下列種類的輻射所產生的危害源，有短時間就受到影響的實例，也有經過長時間才出現影響的實例： 1.電磁波（例如：低周波、無線電波、微波）。 2.紅外線、可見光、紫外線。 3.雷射。 4.X光及γ射線。 5.α射線、β射線、電子束以及離子束、中子。
依材料以及物質所產生的危害源	與機械運轉有關聯的材料或污染物，或者接觸從機械放出的材料、產品、污染物所造成的危害源： 1.例如特有有害性、毒性、腐蝕性、致畸型性、致癌性、誘發變異以及刺激性的流體、氣體、霧、煙、纖維、粉塵、吸飲浮質物等，起因是因為接觸皮膚、眼睛以及黏膜所導致的危害源。 2.生物（例如：黴）以及微生物（病毒或者細菌）所導致的危害源。
在機械設計時因無視人體工學原則所導致的危害源	機械性質和人類能力的不協調所產生的下列危害源： 1.不自然的姿勢、過度或重複的負擔所產生的生理影響（例如：肌肉、骨格障害）。 2.在機械「預期使用」的限制內運轉，監視或者保全時所產生的精神上過大負擔，又者因壓力產生心理或生理的影響。 3.人為誤差。
滑動、阻礙以及掉落的危害源	地面或通路、扶手欄杆等不適當的狀態，依設置、安裝所產生的危害源。
危害源的組合	上述揭示的危害源經各種組合所產生的危害源，若認為未達到個別的危害源標準而疏忽，恐怕會發生嚴重危害。
機械的危害源	1.規格的要求事項（參考基準）。75N，150N（有適當的護罩裝置時）。（N：牛頓） 2.痛覺耐受值／測驗者：10歲~50歲男女16名（參考基準）。 3.平均值：65N~146N，最小值：13N~46N，最大值：133N~245N。 4.ISO10218（機械）。 　250mm/s（安全速度）。
電氣的危害源	請參照IEC60204-1。

（續）表3-6　危害源

危害源	性質等
熱的危害源	接觸時間限界值。 （見下表）
依噪音所產生的危害源	（見下列內容）

接觸時間限界值。

材料	1秒	10秒	1分	10分	8小時以上
無電鍍金屬	65℃	55℃	51℃	48℃	43℃
電鍍金屬	依電鍍厚度而定		51℃	48℃	43℃
陶瓷、玻璃以及石材	80℃	66℃	56℃	48℃	43℃
塑膠	85℃	71℃	60℃	48℃	43℃
木材	110℃	89℃	60℃	48℃	43℃

1.工廠等環境確保條例 / 第4種區域。

　80dB（07:00~20:00），70dB（20:00~23:00），65dB（23:00~07:00）

　※第4種區域：主要是供工業使用的區域，為了維護區域內的居民生活環境不惡化，必須要預防產生明顯噪音的區域。

2.為了防止噪音障害的指導方針：

(1)實施作業環境測定時：

管理區分	風險
第Ⅲ管理區分	高
第Ⅱ管理區分	中
第Ⅰ管理區分	低

測定值	管理區分
90dB以上	第Ⅲ管理區分
85dB~90dB	第Ⅱ管理區分
85dB以下	第Ⅰ管理區分

(2)未實施作業環境測定時：

有害性的基準：

有害性的基準	噪音基準（平均特性）
A	90dB以上
B	85dB以上未滿90dB
C	80dB以上未滿85dB
D	未滿80dB

	8小時以上	4小時以上未滿8小時	2.5小時以上未滿4小時	1小時以上未滿2.5小時	未滿1小時
A	高				
B	高			中	低
C	高	中	低		
D	低				

（續）表3-6 危害源

危害源	性質等		
依噪音所產生的危害源	**風險**	**優先度**	
	高	有必須要馬上對應的風險存在。	
	中	有應該要盡速對應的風險存在。	
	低	依據必要性來實施降低風險的措施。	
	管理區分	**對策**	
	第Ⅰ管理區分	關於在第Ⅰ管理區分所區分的場所，應努力地持續維持該場所的作業環境。	
	第Ⅱ管理區分	1.關於在第Ⅱ管理區分所區分的場所，應採取明確表示的標誌來標識該場所。 2.進行設施、設備、作業工程或作業方法的點檢，以其結果為基礎，為了做設施或設備的設置、整備、作業工程或者改善作業方法、其他作業環境等，採取必要的措施，努力使該場所的管理區分成為第Ⅰ管理區分。 3.對於從事噪音作業的勞動者，應依其必要讓其使用防噪音保護用具。	
	第Ⅲ管理區分	1.關於在第Ⅲ管理區分所區分的場所，應採取明確表示的標誌來標識該場所。 2.進行設施、設備、作業工程或作業方法的點檢，以其結果為基礎，為了做設施或設備的設置、整備、作業工程或者改善作業方法、其他作業環境等，採取必要的措施，努力使該場所的管理區分成為第Ⅰ管理區分。 然後，在改善作業環境並採取實施措施時，為了確保其效果，要進行關於該場所的作業環境測定來評估其結果。	
	3.單體機械： 80dB（EU規制／從機械放出的噪音）。 4.ISO1999： 噪音性聽力障礙LAeg，24h=70dB(A)以下（即使長期曝露也不至於造成聽力障礙）。 衝擊音的高音壓：140 dB以下（成人）、120 dB以下（兒童）。 *在LAeg，T：A特性補正音T時間的平均能源是等同於穩態聲源的水準。		
依振動所產生的危害源	第2種區域 65 dB（8點~20點），60 dB（20點以後）。		

（續）表3-6 危害源

危害源	性質等			
依輻射所產生的危害源	1.輻射線的分類（微波數別）：				

性質	型態	微波數／波長／能源	特徵
電場以及磁場	極超長波以及長波	0<f<30kHz	非電離輻射線
電磁波	無線微波	30kHz<f<300GHz	
光輻射	紅外線	1nm>λ>780nm	
	可見光	780nm>λ>380nm	
	紫外線	380nm>λ>100nm	
粒子	χ射線，γ射線	Λ<100nm，W>12 eV	電離輻射線
	α射線、β射線、電子束、中子、其他	W>12eV	

F=微波數，λ=波長，W=量子／粒子能量

2.依輻射線放出基準分類：

種類	內容	曝露者	1天內曝露時間	限制和保護對策	情報和訓練
0	在公共場所1天24小時可使用的機械	一般人（成人、小孩、不知情人等）	24小時	無限制	不需要情報
1	在一般工作天裏任何一個操作員所使用的機械，超過輻射線種類0的水準	操作員、全體操作員（知情人員）	8小時	接近限制或者需要保護策略	危害、危險以及關於二次影響的情報
2	機械放出的輻射線超過種類1的程度	只限於特有知識和責任，並受過訓練的人	依放出基準而論	必須要有特別的限制和保護策略	危害、危險以及關於二次影響的情報，必須訓練

依材料以及物質所產生的危害源	安全資料表（Safety Data Sheet; SDS）
在機械設計時因無視人體工學原則所導致的危害源	1.重量物依人力安裝： (1)重量為3kg以上時： 　・檢討準備補助工具。 　・補助工具的尺寸等：掛鉤直徑：20mm~40mm，深度：125mm以上，形狀：圓形或橢圓形。

（續）表3-6　危害源

危害源	性質等
在機械設計時因無視人體工學原則所導致的危害源	・移動距離：未滿2m。 ・準備專用的補助工具。 ・尺寸：寬度600mm×厚度500mm（最大值），高度是可確保視野的高度。 ・作業姿勢：避免無理的姿勢。 ・避免高頻率的重複作業。 (2)最大重量為25kg時的補足事項： 　・最大水平移動距離：250mm。 2.能見度： 　・機械或者依其指引設計上的特性，當亮度不足時，應在作業區域以及調整、設定區域，準備照明工具，做為頻繁使用的保全區域。 　・必須避免因閃爍、暗光、暗影以及頻閃效應的影響而產生的風險。 　・當必須調整照明來源的位置或者調整照明來源本體時，其位置必須對調整者來說是沒有風險的才行。 3.手動控制機械的選擇以及配置： (1)色彩： 　・非常：紅。 　・異常：黃。 　・正常：綠。 　・強制：藍。 (2)要求事項： 　・手動控制器要具有能一目瞭然的能見度，必須要依需求適當地表示其標誌。 　・手動控制器不能模擬兩可或多樣化，必須要能安全地操作才行（例如，配置標準化的手動控制器，操作員某個機械使用相同的運轉模式來移動類似機械時，可降低錯誤操作的風險）。 　・手動控制器的位置（對於按鈕）以及動作（對於排檔以及圓盤）應符合操作結果。 　・依手動控制器的操作不會產生新增風險。 4.精神的疲勞

<table>
<tr><th colspan="5">依精神上的作業負荷來解決效果減退的對策</th></tr>
<tr><th></th><th>疲勞</th><th>單調感</th><th>注意力降低</th><th>心的充實感</th></tr>
<tr><td>對業務的對策</td><td>注意業務和時間的分配</td><td>業務分配、多樣性</td><td>避免持續注意</td><td>給予小目標使職務充實</td></tr>
<tr><td>對作業裝置的對策</td><td>不給予曖昧的提示</td><td>避免機械調速，變更信號提示模式</td><td>信號的易見度</td><td>關於業務達成給予機會執行個人作法</td></tr>
<tr><td>對作業環境的對策</td><td>證明</td><td>溫度、色</td><td>避免沒變化的聽覺刺激</td><td>避免沒有變化的環境狀態</td></tr>
</table>

（續）表3-6　危害源

危害源	性質等
滑動、阻礙以及掉落的危害源	1.防止阻礙：設置傾斜以及角度20°。 2.防止滑動（作業用平台以及通路）： (1)構造以及材質： ・為了確保具足夠的硬度以及安定性，選擇尺寸以及構成品（安裝工具、連結工具，包含支撐以及基礎）。 ・對於環境上的影響（例如：天候、化學藥品、腐蝕性氣體等）全部項目的阻力，例如使用耐腐蝕材料或者是適當的塗料。 ・配置不會積水的構造元件，例如：結合部分等。 ・使用電蝕作用或者溫度膨脹差較小的材料。 ・通路以及作業用平台的尺寸是遵循或參考可能使用的人體測量數據，EN 547-1以及EN 547-3。 ・作業用平台以及通路要設計、製造成防止物體掉落所造成的危害源。 (2)位置： ・通路以及作業用平台是容易放出或累積有害材料或化學物質導致滑落的場所，應盡可能地遠離配置。 ・作業用平台必須依照人體工學來設置使其可以進行作業才行，若可以的話，作業位置的高度是將作業用平台設置在地上約500~1,700mm處較為理想。 (3)防止墜落： ・第1部：有高低差的2個場所選擇固定的升降設備。（JIS B 9713-1） ・第2部：作業用平台以及通路。（JIS B 9713-2） ・第3部：階梯、梯子以及防護欄杆（柵欄）。（JIS B 9713-3） ・第4部：固定梯子。（JIS B 9713-4）

　　基本上，危害源和人員在同一時間處於同一空間時，便會構成危險狀態，如果放置不管的話，恐怕會因此發生危害。所以重要的是不只要注意空間上的重合，應該也要注意到時間上的重合才對，如此一來才能正確地辨別清楚危險狀態。從危害源產生危害的過程整理如圖3-3所示。

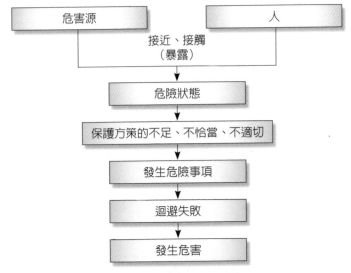

圖3-3 從危害源到產生危害的過程

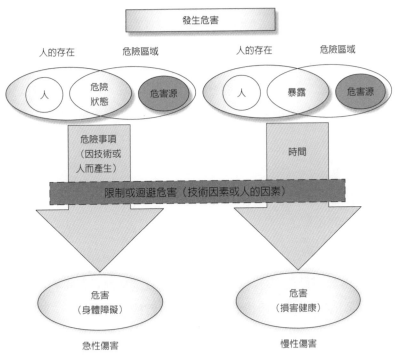

圖3-4 發生危害的條件

第三節　風險估計

　　對於辨識後的各個危害源、危險狀態必須逐一預估其風險。風險估計最好是由對象機械設備的工程部（機械設備設計人員、控制設計人員等），和風險評估專家（安全管理部）的團隊來實施。若是可以再加上製造該機械設備的製造部、充分瞭解購置者會如何使用該機械設備的技術服務部，最好還有採購部、品管部門的參與。而關於各危害源的推估，則是以一定的資料列出可能的要因（如**表3-7**），然後預估可能會發生多少風險。

| 關於已知危害源會產生的風險 | 是 | 潛在於已知危害源會發生的危害嚴重性① | 和 | 其危害的發生機率：曝露於危害源的頻率以及時間②　危險事項的發生機率③　避免危險或者可限制性④ | 的函數 |

　　因為進行風險估計時，可能會使用到多種方法，所以在此將具代表性的方法列出，如以下所示：

1.矩陣法。
2.風險圖法。
3.點數累計法。
4.ISO13849-1。

　　無論使用何種方法，該方法中的各參數基準必須參考業界的動向等來設定，或者由公司負起責任，經內部討論後設定基準也是可行的。首先要進行基準的明確化作業，事後若產生必須重新檢視的需求時，則應該進行更改，使其便利化。也就是說，要重複進行P-D-C-A的步驟。

表3-7　危害的嚴重性以及發生機率之要點

潛在於已知危害源會 發生的危害嚴重性①	應考慮的要點
	・保護對象的性質（人、財產、環境）。 ・傷害或者是健康障礙的嚴重性（輕、重、死亡）。 ・危害的範圍（個別機械的場合，一人，複數）。
其危害的發生機率	**應考慮的要點**
曝露於危害源的頻率以及時間②	・須接近危險區域的必要性。 ・接近的性質。 ・危險區域內的滯留時間。 ・操作者的人數。 ・接近的頻率。
危險事項的發生機率③	・信賴性以及其他的統計資料。 ・事故履歷。 ・健康障礙履歷。 ・風險比較。
避免危險或者可限制性④	・是誰操作機械運轉。 ・危險事項的發生速度。 ・風險的認知。 ・避免危害或者是人的可限制性。 ・依實際的體驗以及知識而定。

一、風險矩陣

　　將風險分成兩種風險要素，以「危害的嚴重性」和「發生危害的可能性」的組合來進行預估。風險要素中的「發生危害的可能性」有以下三種要因：

1.人員暴露於危害源的頻率（時間）。

2.危險現象的發生機率。

3.危害的迴避可能性。

　　雖然應該要綜合這些要因來進行預估判斷，但是因為每個要因對風險要素的影響程度不盡相同，所以必須要依照實際所發生的現象來適度判斷

才行。總而言之,就是要判斷1~3之間,哪一項是最可能發生危害的項目,所以必須對此項目特別注意。**表3-8**中所表示的是預估程序。而從風險要素的判斷到綜合那些要素所得到的風險估計,則表示如**表3-9**至**表3-11**所示。

表3-8　推估風險的程序

No.	風險估計程序	具體方法
1	設定危害的嚴重性。 例如以直立式鑽床而言,當迴轉的鑽頭有可能發生刺傷手的危險狀態時,應該要設定可能會發生什麼程度的刺傷災害,舉例來說,在**表3-10** S1~S4的4階段中,分類為S2。	·以步驟2中所辨識的危害源、危險狀態,來設定可能發生的危害嚴重性。 危害的嚴重性(S)如**表3-10**所示,可分類成S1~S4等4個階段中的任何一項。 此時,通常都會設定在可預期範圍內的最壞狀況。
2	設定發生危害的可能性。 以上述的直立式鑽床範例,設定鑽頭在作業時會發生刺傷手的危害可能性,舉例來說在**表3-12** K1~K4的4個階段中,分類為K1。	·以步驟2中所辨識的危害源、危險狀態,來設定發生危害的可能性。 危害發生的可能性(K)可以綜合考慮以下項目來設定: 1.人員暴露於危害源、危險狀態的頻率和時間。 2.危險現象的發生機率。 3.一發生危害時,是否可能迴避危害。 發生危害的可能性(K)如**表3-12**所示,可分類成K1~K4等4個階段中的任何一項。 以這些階段的程度定義而言,**表3-12**中是定義為「極少」或「頻繁」等程度,如果決定風險評估的對象時,可以把這些程度改成更符合該對象的具體基準。
3	決定風險等級。 此例是將分類的(S2)和(K1),套用於風險估計的矩陣表,在**表3-13**的風險等級Ⅰ~Ⅴ中,決定其風險等級為Ⅱ。	·將上述No.1設定的(S)以及No.2設定的(K)所得到各個風險要素的結果,套用於風險估計的矩陣表中,決定風險等級。

　　設定**表3-8**中No.1之危害的嚴重性,是參考**表3-10**的S來預估的。

　　設定**表3-8**中No.2之發生危害的可能性,是綜合參考**表3-12**的K來設定的。

表3-9 風險要素：危害嚴重性的考慮事項

風險要素	考慮事項	
危害的嚴重性 （危害的重大性）	傷害或損害健康 其嚴重程度、直到治癒為止的期 間、有無後遺症等	中度傷害 重度傷害 死亡或無法復元
	危害的範圍	（只有一人） （兩人以上）

表3-10 危害的嚴重性（S）

危害的嚴重性（S）	危害的嚴重程度，（　）內是基準範例
S1	輕度傷害（未達到停工之要件）
S2	中度傷害（不須停工）
S3	重度傷害（須停工，會造成後遺症8~14級的災害）（後遺症包含失能或聽力受損等）
S4	致命傷害（會造成死亡、後遺症1~7級的災害，或造成3人以上的死傷）

表3-11 風險要素：可能造成危害的考慮事項

風險要素		考慮事項
造成危害的可能性	人員暴露於危害源的頻率和持續時間	・接近危險區域的必要性：操作中或保養作業等作業內容。 ・接近方法：以手動方式將材料放入加工機械等。 ・滯留在危險區域內的時間。 ・接近人數。 ・接近頻率。
	危險現象的發生機率	・信賴的資料：機械設備本體、控制裝置、構成零件等。 ・災害記錄。 ・損害健康的記錄。 ・與類似的機械設備做風險比較。
	危害限制或迴避的可能性	・操作者等的特性：熟練、不熟練、無相關知識。 ・危險現象的發生速度： 　像地震一般無法預測，突然發生。 　像火災爆發一般，迅速發生。 　像燃燒不完全一般，一氧化碳的濃度慢慢增加，緩慢發生。 ・認識風險：一般資訊、直接觀察、危險表示。 ・人員迴避的可能性：可能、某些條件下可能、不可能。 ・操作經驗和知識：同一機械設備、類似機械設備、沒有經驗。

表3-12 發生危害的可能性（K）

發生危害的可能性（K）	發生的可能性，（ ）內是基準範例
K1	極少（幾年1次左右，或者1次以下）
K2	偶爾（1年1次左右）
K3	時常（2個月1次左右）
K4	頻繁（1週1次以上）

表3-13 推估風險的矩陣表（1~5是風險等級）　（將風險等級區分為5等級的範例）

發生危害的可能性／發生危害的嚴重性	極少 （K1）	偶爾 （K2）	時常 （K3）	頻繁 （K4）
輕度傷害（S1）	1	2	2	3
中度傷害（S2）	2	3	3	4
重度傷害（S3）	3	4	4	5
致命傷害（S4）	4	5	5	5

表3-14 風險等級的判斷基準

風險等級 （R）	判斷
5	非常重大的風險
4	重大風險
3	中度風險
2	輕度風險
1	些微的風險

　　在下一節（步驟4）中，說明風險等級的相關內容。另外，「危害的嚴重性」、「暴露於危害的頻率」以及「危害的迴避可能性」也可以用矩陣表的方式表示（**表3-15**）。

表3-15　3種風險要素的矩陣表（1~5是風險等級）

		發生危害的可能性			
		幾乎沒有	低	中	高
	暴露頻率	F1（極少）		F1（頻繁）	
	危害的迴避可能性	P1（高）	P2（低）	P1（高）	P2（低）
危害的嚴重性	輕度傷害（S1）	1	2	2	3
	中度傷害（S2）	2	2	3	4
	重度傷害（S3）	3	3	4	5
	致命傷害（S4）	3	4	5	5

在下一節（步驟4）中，說明風險等級的相關內容。

二、風險圖

以樹狀圖來表示預想的危害嚴重性，列出在危害源／危險事項／危險狀態裏所曝露的頻率、危險事項的發生機率、避免的可能性等的風險參數。這個方法在日本勞工福利局的指針JIS B 9705-1或DIN V 19250等都有記載（請參照**圖3-5**）。

三、風險評分

本評分法雖然是與風險矩陣或風險圖為相同方法，但卻是以數字來表示。將危害的發生機率評分和危害的嚴重性評分相加計算，表示於風險級別裏。危害嚴重性的參數和危害發生機率的參數在最後是以性質上的判斷為主（請參照**表3-16**以及**表3-17**）。

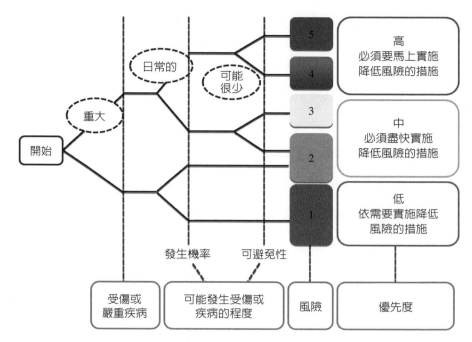

圖3-5 「危險性或者有害性等的調查指針」的表示範例

表3-16 危害嚴重性的評分

危害的嚴重性	危害嚴重性的評分
致命的（catastrophic）	SS≧100
重傷（serious）	99≧SS≧90
中度受傷（moderate）	89≧SS≧30
輕微受傷（minor）	29≧SS≧0

表3-17 危害發生可能性的評分

危害的嚴重性	危害嚴重性的評分
非常可能會發生（very likely）（likely or certain to occur）	PS≧100
很可能會發生（likely can occur）（but not probable）	99≧PS≧70
不太可能會發生（unlikely）（not likely to occur）	69≧PS≧30
不可能會發生（remote）	29≧PS≧0

註：1.非常可能會發生（very likely）：幾乎確認會發生。
　　2.很可能會發生（likely）：發生的可能性高，但不確定。
　　3.不太可能會發生（unlikely）：發生的可能性不高。
　　4.不可能會發生（remote）：發生機率幾乎為零，一般不可能會發生。

　　將危害嚴重性和發生機率的評分相加，表示如**表3-18**的風險評分所示。

表3-18　風險評分

-	高（high）	＞160
159≧	中（medium）	＞120
119≧	低（low）	＞90
89≧	無關緊要（negligible）	＞0

四、點數累計法

　　點數累計法中風險是3種程度的風險要素組成，將各別的風險要素區分為幾個階段後，在每個階段分配數據以代表權重，然後計算那些數據來決定風險等級。此處所介紹的範例，是將風險要素區分為「危害的嚴重性」、「暴露於危害源的頻率」以及「發生危害的可能性」的這三種風險要素。另外，矩陣法把發生的可能性當做是1個要素來計算，但此處所介紹的點數累計法則是區分為「暴露於危害源的頻率」和「發生危害的可能性」兩種。

　　預估的程序與矩陣法相同，首先是各自預設各個風險等級，接著計算各個風險要素所得到的結果，然後再來決定風險等級。這個方法的特徵在於區分風險要素時，有各自分配代表權重的數據。至於關於危害的嚴重性（S）如**表3-19**所示。暴露於危害源的頻率（F）如**表3-20**所示。危險的迴避可能性（Q）如**表3-21**所示。

 機械安全

表3-19 危害的嚴重性（S）

點數	危害的嚴重性，（　）內是基準範例
10	致命傷害（會造成死亡、後遺症1~7級的災害，重大災害）
6	重度傷害（須停工，會造成後遺症8~14級的災害）
3	中度傷害（不須停工）
1	輕度傷害（未達到停工之要件）

表3-20 暴露於危害的頻率（F）

點數	暴露於危害的頻率（F）程度，（　）內是基準範例
4	頻繁（1天1次左右，或者1次以上）
2	時常（1週1次左右）
1	極少（半年1次左右，或者1次以下）

表3-21 危害的迴避可能性（Q）

點數	危害的迴避可能性（Q）程度，（　）內是基準範例
6	幾乎無法迴避（無法察覺危險／無法迴避）
4	可能性低（稍微不注意的話即會發生危害）
2	可能性高（若有注意的話可察覺／可迴避）
1	絕對可迴避（容易察覺危險／可迴避）

　　當暴露於危害源時，從該危害源所產生的危害中，可能可以迴避的機率為多少，危害的迴避可能性（Q）即是由此觀點來做預估的。迴避的可能性高時，就能降低危害發生的機率，所以會得到較少的點數。反之，較難迴避時，則得到的點數會較高。風險等級是以下列算式所計算得來的，其等級區分則如**表3-22**所示。

風險等級（R）＝「危害的嚴重性」（S）＋「暴露於危害源的頻率」（F）
　　　　　　　＋「危害的迴避可能性」（Q）

表3-22 透過點數累計法區分的風險等級

風險等級（R）	點數累計法（S+F+Q）	判斷
4	12~20	致命風險
3	8~11	重度風險
2	5~7	中度風險
1	3~4	輕度風險

第四節　風險評估

　　做為風險分析的最後程序，對風險的預估結果（風險等級 I ~V 的任一項）實施風險評估。在這個步驟當中，進行判斷是否已有適當地降低風險等級，或者必須要執行降低風險的政策。

　　當必須進行降低風險的政策時，應該依照降低風險的3步驟後，再次風險再評估，來確認是否有將風險降到適當的等級。然後再檢視導入保護政策時是否有產生新的危害源，萬一有新的危害源產生時，就要從危害源辨識的步驟開始，再次重複風險評估的步驟。

　　因為初次的風險評估，是在保護政策尚未適用的階段下進行的，所以這時只能單純地將風險等級區分為 I 或 I 以外的等級。若風險等級為 I 的話，則表示適當，無須實施新的保護政策。這種程度的危害源、危險狀態應該可以用以往進行的安全管理範疇來應對。若風險等級為 II 以上時，則必須採取符合該等級的保護政策（**圖3-6**）。

機械安全

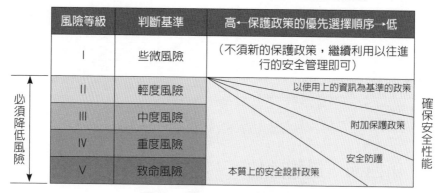

（判斷基準的範例）　　　（保護政策的應對範例）

風險等級	判斷基準	高←保護政策的優先選擇順序→低
I	些微風險	（不須新的保護政策，繼續利用以往進行的安全管理即可）
II	輕度風險	以使用上的資訊為基準的政策
III	中度風險	附加保護政策
IV	重度風險	安全防護
V	致命風險	本質上的安全設計政策

必須降低風險

確保安全性能　高　低

圖3-6　風險等級的判斷基準範例

表3-23　機械的限制事項

項目		機械的限制規格等
機械的名稱		
機械的主要規格	產品型式	
	設計使用期限	
	構成零件的更換間隔	
	原動力輸出（kw）	
	運轉方式（模式）	
	加工能力	
	輸送速度或者迴轉數	
	產品尺寸	
	產品質量	
機械的使用目的和用途 （使用上的限制） 1.預期使用，預期可能的錯誤使用 2.無預期地起動		
機械的元件更換 （時間上的限制） 1.機械性限制 2.電氣性限制		
機械的可動範圍等 （空間上的限制） 1.動作範圍 2.空間 3.作業環境		

（續）表3-23　機械的限制事項

項目		機械的限制規格等
機械的名稱		
機械的設置條件 1.屋內／外 2.溫度、濕度 3.保安管理物件		
機器的生命週期		
危害對象	操作員	是否具有資格	
	周邊的作業員		
	服務員（補給、維護保養）	是否具有資格	
	第三者		
其他			

表3-24　機械的危害源

				時間日期：		
計劃名：			製作者：	認可者：		
使用的設定以及參數說明：						

	機械的危害源	風險 有／無	容許 範圍內	殘留的風險情報		
				無關 作業	有關 作業	**RA** 項目號碼
1	機械性的危害源					
2	電氣性的危害源 ・有無安全電壓（DC24V）以上的部位					
3	熱的危害源 ・有無高溫（○○℃以上）的部位 ・有無低溫（○○℃以下）的部位					
4	依噪音產生的危害源 ・有無噪音發生源頭（○○dB以上）					
5	依振動產生的危害源					
6	依輻射產生的危害源 ・有無輻射					
7	依材料以及物質所產生的危害源 ・有無禁止使用的物質 ・有無毒性的物質 是否為限制以下（請對照法律規定）					

（續）表3-24 機械的危害源

機械的危害源		風險 有／無	容許 範圍內	殘留的風險情報		
				無關 作業	有關 作業	RA 項目號碼
8	依機械設計時無視人體工學所產生的危 害源 ・腰痛的危險性 　高處（○○ cm以上）的通道 　重物（○○ kg以上） 　長時間同個姿勢 ・有無VDT作業					
9	滑動、阻礙以及掉落的危害源					
10	危害源的組合					
11	使用機械時與環境有關連的危害源					

表3-25 危害源的認定表

危害源的認定							
機械		機械的名稱			分析者		
資訊來源		設計規格書			版本		
範圍		壽命週期			分析、評價日 期和時間		
手段		檢查清單			頁數		
No.	生命週期	工作／作業員	危險區域	危害源	危險狀態	危險事項	備註
1							
2							
3							
4							
5							
6							
7							

Chapter 4

機械安全防護

- 機械安全防護之發展
- 機械本質安全設計
- 機械安全防護
- 機械安全附加保護措施
- 機械安全使用資訊

第一節　機械安全防護之發展

一、我國機械安全防護發展

　　為了防止職業災害的發生，於民國63年即制定「勞工安全衛生法」，經歷了幾次的修法，在民國102年「勞工安全衛生法」有重大的修正，除將名稱改為「職業安全衛生法」之外，由要求機械設置者及使用者的「安全查察制」修訂為要求設計、製造者的「安全驗證制」，為了符合國際潮流之趨勢做了這項重大的變革。機械相關之國際安全標準實源自歐盟（European Union, EU）的安全標準（European Normalization, EN），國際標準組織（International Organization for Standardization, ISO）透過維也納協定（Vienna Agreement）移植了整個歐盟標準的架構。雖然歐盟的EN標準是以符合指令之技術規範為目的而制定，而國際標準／國際電工委員會（International Electrotechnical Commission, IEC）則是為了排除貿易障礙所制定的共同規則，但兩者仍有以下之共通特性。國際機械安全相關標準有以下特點：

　　1.適用於所有的機械。
　　2.由以可靠度為基礎的安全管理轉為以確定的構造來構築安全。
　　3.製造者負安全的責任。

　　這三項特點和以往我國的安全相關標準有很大的不同。修訂後的「職業安全衛生法」、「職業安全衛生法施行細則」以及「職業安全衛生設施規則」等除規定必須遵守的安全規則，對指定之機械、設備及器具進行源頭管理，其構造、性能及防護非符合安全標準者，不得產製運出廠場、輸入、租賃、供應或設置。對於中央主管機關公告列入型式驗證之機械、設

備或器具，非經中央主管機關認可之驗證機構實施型式驗證合格及張貼合格標章，不得產製運出廠場或輸入。但是，歐盟的機械指令則不以個別機械為對象，而是涵蓋機械類全體的總括性規範。適用於所有機械的安全要求被明列於「關於安全衛生的基本要求事項」（Essential Health and Safety Requirements, EHSRs），而符合這些要求事項的技術手段則訂定於3層架構的EN標準。製造商可自行依需求引用相關標準來實施安全方策。

如前所述，國際標準ISO/IEC並非以符合歐盟的指令為目的，但ISO/IEC兩個組織在三層架構的標準上制定了「安全標準制定指針」（Safety aspects-Guidelines for their inclusion in Standards），簡稱ISO/IECGuide 51。這項安全指針將安全定義成沒有不能接受的風險（freedom from unacceptable risk），其內容有以下幾項特徵：

1.安全乃由風險來定義之。
2.要求實施風險評估（risk assessment）。
3.揭示降低風險的方法論。
4.階層構造化的標準。

由風險來定義安全的最大特徵就是，只要有危害源和人共存就不可能實現完全的安全。因此，安全必須靠降低風險來達成，而為了降低風險，必須先找出危害要因，並推估其引起傷害的可能性與傷害的嚴重程度。

國際標準和歐盟的指令及標準對安全均採取以風險為基礎的方法（risk based approach, RBA）的立場，即由製造者對設計中的機械，依實際使用狀態進行風險評估，並根據其結果引用相關標準來實施必要的安全方策，降低使用機械時的風險。而機械類的安全即由製造者於風險評估之一連串流程中以確定的構造來構築。

二、機械安全防護策略

「職業安全衛生法」第7條雖然要求被指定的機械等，其構造、性能及

安全防護必須符合安全標準，但若依**圖4-1**之架構，則法令只要強制其依循機械安全指針，確保安全的手段可由製造者依需求引用任意規格，即 A、B、C類標準來達成。同樣的，「職安法」第八條要求被公告必須實施型式驗證的機械等，也只要查核其是否依循機械安全指針實施風險評估，並檢視其降低風險的方策是否具確定性之構造，即可驗證其妥當性。

如**圖4-1**所示，A、B、C三類階層架構的標準是為了符合強制規範的技術手段，屬於任意規格，其性格與「機械設備器具安全標準」或「職業安全衛生設施規則」等各別項目之安全基準不同。在三層架構標準中，如果有個別產品安全標準（C類標準）可供參酌，則可直接引用，但若沒有C類標準，可以就群組安全標準（B類標準）或上位的基本安全標準（A類標準）選擇參照適合（或必須適合）的條項，評估產品的安全性。機械的安全防護措施可分為：機械安全設計（design）、機械安全防護物（guards）和機械安全裝置（devices）三種主要的類型。

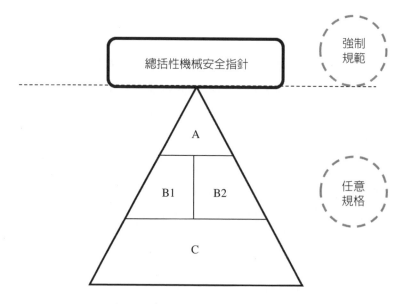

圖4-1　機械安全指針的符合架構圖

第二節　機械本質安全設計

　　自1995年1月1日起，歐盟透過CE標示制度正式強制要求機械等產品必須符合機械指令（machinery directive, MD）89/392/EEC之後，歐盟可以說將維持及提升安全的責任由操作者，進而轉為要求設計者及製造商，這是機械本質安全設計所依循的重要指令。這個指令是所有歐盟的指令當中，對確保安全之追求影響最為深遠的一個指令，藉由維繫機械的安全性能來達成作業安全，而非依賴操作者對機械設備的瞭解和熟悉程度，這樣的思維也漸漸被國際上所接受。

　　機械設備本質上應具備「一旦人員操作失誤時仍能保持其安全性」之所謂的「本質安全」（intrinsic safety）亦即藉由機械設備本身的安全設計來彌補人員作業上的失誤，當機械發生異常時，也可維持安全的狀態；即使操作者操作錯誤，也不至於造成傷害。因此機械設計的理想為：所有的機械設備不應讓使用者必須運用他們的經驗和技巧才能安全地操作，也就是說，使用者不論對該項機械設備的瞭解和熟悉程度如何，不管人員操作機械是謹慎或粗心大意，皆能安全地操作而不致發生危害。

　　為符合國際在機械安全的發展趨勢，我國的「職業安全衛生法」第5條明定：「機械、設備、器具、原料、材料等物件之設計、製造或輸入者，及工程之設計或施工者，應於設計、製造、輸入或施工規劃階段實施風險評估，致力防止此等物件於使用或工程施工時發生職業災害。」因此，機械、設備、器具必須在設計階段實施風險評估，並據此檢討安全設計方策，以降低風險，避免職業災害的發生。本質安全設計與保護策略如**圖4-2**所示。

　　本質上的安全設計策略可分類成控制手段和非控制手段。控制手段的策略是在控制系統故障時，驅使機能執行，使其不會產生不良，是防止機械動作產生對人危害的對策，或者是即使故障也會產生高阻力，來確保安

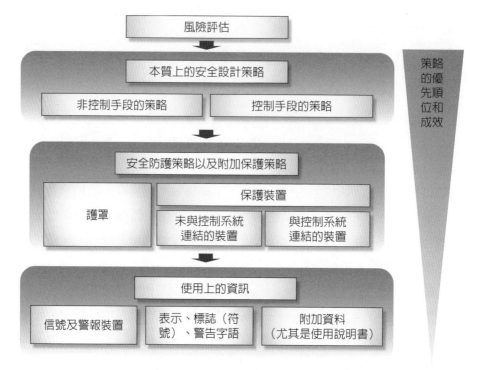

圖4-2　本質安全設計與保護策略

全性的策略。而非控制手段有排除危險場所，或選用合乎人因工程的設計來降低操作員精神上、肉體上疲勞的方法等。

一、最小縫隙

關於最小縫隙的規格利用之一般要求（ISO138541、3.1、4.1）：

1. 關於壓傷的危害只能適用於降低風險，不能當作衝擊、切斷、捲入等，避免其他危害的策略使用。

2. 會壓傷的區域（crushing zone）是指人體或者是人體部位在可能會受到壓傷危害的區域裏，因下列的條件而造成壓傷：

(1)兩個可動部分彼此移動靠近時。

(2)一個可動部分往固定部分移動靠近時。

3.利用ISO13854時，請依照下列的步驟進行：

(1)遠離壓傷的危害，進行風險的評估。

(2)包含人體，可預測因壓碎的危害而衍生風險時，適用最小縫隙。

(3)人體各部分與**表4-1**所表示的形態不同時，必須檢討是否會侵入可能會壓傷的區域。

(4)必須要檢討厚或是笨重的衣服（例如，高溫時的保護服），或考量工具。

(5)是否可能會有穿著比腳尺寸大的厚底鞋子（例如：涼鞋）的人來操作機械。

(6)當無法從**表4-1**選擇最小縫隙來確保適當的安全時，可使用其他的策略或者追加的策略〔例：ISO13852（5.2.5）等〕。

(7)以製品的規範爲基礎，當形狀或用法等有特殊情況時，也可採用不適用**表4-1**的最小縫隙的尺寸，做正當尺寸來使用。當採用這樣的尺寸時，必須要以科學的根據明白表示要如何達到安全性。

二、始動、起動、停止

(一)關於始動操作和起動的一般要求（ISO12100-2：2003 4.11.2、ISO13849-1：1999 5.5、IEC60204-1：1997 9.2.5.2）

1.機械的起動是只有在全部的安全機能可以正常發揮機能作用時，才可以起動。若是錯誤始動（initiation）操作的話，機械的作動部分不可以馬上起動（如**圖4-3**所示）。

2.以電氣爲能源的機械作動部分，即使連接了主電力也不可以起動。

3.無法設置安全機能的機械，以按住進行控制的裝置來做起動動作。

機械安全

表4-1 危險處的最小縫隙尺寸 （單位：mm）

人體的部位	最小縫隙a	圖示
身體	500	
頭（最危險的位置）	300	
腳	180	
腳掌	120	
腳指	50	
手臂	120	
手 手腕 拳頭	100	
手指	25	

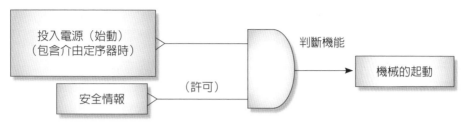

圖4-3 始動操作和起動的關係

4.適當的連鎖機能，使其能以正確的順序起動。

(二)關於再起動的一般要求（ISO12100-2：2003 4.11.4、ISO13849-1：1999 5.5）

動力中斷後的再起動，當再起動會產生危害時，則必須防止再起動。

(三)關於停止的一般要求（ISO12100-2：2003 4.11.3、IEC60204-1：1997 9.2.2、9.2.5.3、ISO13849-1：1999 5.2）

1.停止最初的動作是依除去或降低電壓或液壓來實行。
2.停止可分三類如**表4-2**所示。
3.機械是必須以風險評估為基礎，選擇適當的類別。
4.類別0和類別1是與運轉模式無關的動作。以類別的動作為優先。
5.停止機能要比起動機能還優先執行。
6.機械因保護機器以及傳動裝置而停止時，停止信號會傳達給控制系統邏輯電路的構造。即使重新設定這個停止機能也不會增加風險。
7.保護裝置的停止機能在作動後必須可以迅速地將機械的作動部位移動到安全狀態。這個停止機能比一般的運轉停止還優先執行。
8.複數的機械在遵循某項控制動作時，停止信號會傳達給管理控制部分以及其他關連機械的構造。

表4-2　停止類表

類別	控制上的稱呼	內容
類別0	非控制停止 【停止狀態】	直接遮斷機械傳動裝置的電源來使其停止。
類別1	控制停止 （施以反向制動而停止）	為了使機械的傳動裝置停止而供給電力，然後在其停止後遮斷電源來控制停止。
類別2	控制停止 【休止狀態（控制上的停止）】	在供給電力給機械傳動裝置的狀態下控制停止。

(四)關於緊急停止的一般要求（ISO12100-2：2003 5.5.2、ISO13849-1：1999 5.3、IEC60204-1：1997 9.2.5.4.2）

1.風險評估的結果，當有必要緊急停止時，須設置緊急停止裝置。

2.緊急裝置應要能明確地識別。

3.緊急停止的工程，在緊急停止時應該要使其不衍生危害地迅速停止。如果不可能，則應檢討緊急停止的最佳解決策略。

4.必要時，緊急停止控制器要設置成開始特定安全防護物的作動，或者是許可開始的構造。

5.在全部的模式當中要比其他機能以及操作還優先執行。

6.即使重新設定緊急停止命令也不可以再起動。

7.在風險評估中，緊急停止的停止類別，以類別或者是停止類別而言，是必須要有機能的。

(五)關於生產系統的始動、停止的一般要求

連結兩台以上的機械，依程式控制裝置來連接運轉，關於「生產系統」始動、停止的要求事項如以下所示：

■生產系統的始動（ISO11161 5.10）

1.生產系統的始動操作是依設置在危險區域以外的操作盤來進行的。

2.起動是必須要滿足以下的條件才可以進行起動。

(1)存在於危險區域裏的所有保護設備都在正確的位置上。

(2)存在於危險區域裏的所有保護設備機能都是正常的。

(3)已滿足全部的正常運轉條件。

3.當生產系統的始動操作透過複數的操作盤來進行指令時,只有從特定操作盤下達指令時才能起動。

4.基於安全上的理由,關於生產系統的特定領域裏,應該要有當一個操作盤進行起動時,其他的操作盤不能有始動命令的構造。

■生產系統的停止(ISO11161 5.11)

1.生產系統的停止

(1)生產系統或者在被區分的各項工程裏,要具備以下的停止機能:

・保護作業員遠離危險的停止機能。

・在正常運轉操作時的停止機能。

(2)設置在生產系統或者在被區分的各項工程裏的停止機能,按照風險評估的結果,必須備有停止的類別 0 或者是 1 的停止機能。

(3)停止後,依動力回復也不會造成危險狀態的構造。

2.生產系統的緊急停止:

(1)生產系統或在被區分的各項工程裏,應備緊急停止機能。

(2)在系統中被區分的工程裏,當需要成為緊急停止的狀態時,104 系統或其相關連的部分,應有傳達緊急停止狀態的構造。

(3)在系統中被區分的工程裏,緊急停止狀置作動時,不可以造成其工程以及其他工程的空間的危險狀態。

(4)緊急停止狀態的解除作業,也不會造成機械起動以及再起動的構造。

3.依保護設備而運轉停止:

(1)依保護裝置而停止,應在生產系統或者被區分的工程裏設有可以

簡易地再起動的構造。

(2)依保護裝置而停止時，當可能會造成製品或生產設備造成損傷，依運轉機能應有可以保護作業員遠離危害的停止構造。

(3)在運轉機能上設有停止機能的生產系統，在工程週期完成時，必須要有不能讓作業員進入危險區域的構造，直到所有的危險都解除爲止。

■緊急時的作動（ISO11161 5.12）

在緊急時刻，必須要作動系統的元件部分時，其方法要預先準備才行。緊急時的作動範例如以下所示：

1.遮斷動力時：

(1)打開壓力系統的安全閥，使系統壓力降低。

(2)可以手動操作來解除機械式的煞車動作（沒有危險的時候）。

2.維持動力時

(1)可以手動操作動力控制閥或驅動部分。

(2)具有可以起動反向動作的控制機能。

三、考慮設置環境的設計

(一)考慮設置環境設計的一般要求（IEC60204-1 4.）

機械必須要考慮設置環境來設計才行。一般來說都期望機械廠商保證正常的機能，由於在IEC60204-1的第4項裏已規定了設置環境，因此請參考以下所示的要求事項（如**表4-3**所示）：

■電源（依顧客準備希望的電源規範）

1.交流：

表4-3　設置環境的特殊條件在必要時的確認事項

關於機械設置環境，特殊的條件在必要時的主要確認事項
1.周圍溫度範圍。
2.濕度範圍。
3.標高。
4.腐蝕性空氣、粒狀物質、電磁相容性等的環境。
5.幅射線。
6.背景振動、衝擊。
7.電纜的不燃性要求等，安裝、運轉的特別要求。
8.可預期的電壓波動（超過±10%時）。
9.可預期的頻率波動。
10.將來可能的電氣裝置變更，是否有必要增加電源容量？
11.供給電源給電氣裝置。
12.供給電源的接地方式。
13.電氣裝置是連接在電源的水線嗎？
14.使用者是否準備電源線的過電流保護裝置？
15.電源斷路器的規範。
16.當直接連接在供給電源時，三相誘導電動機的最大輸出能全壓起動。
17.是否可以減少電動機的過負荷檢出機器數量？
18.機械的局部照明。
19.機能表示。
20.刻印或者是特殊的標誌。
21.關於技術文件的要求。
22.使用者準備的管道、開放型電纜盤或者電纜支撐物的尺寸等。
23.在通常的作業下，有必要接近圍牆的人。
24.採用鎖式。
25.使用兩手操作控制時的種類。
26.會影響輸送到安裝場所的尺寸、質量等限制。
27.當有重複作業時的重複頻率。
28.有無必要施以實際負荷的運轉試驗證明書。
29.電纜少量控制時，從遮斷正規的信號開始直到機械自動停止為止的時間。

(1)電壓：公稱電壓的0.9~1.1倍。

(2)頻率：以公稱頻率而言，（連續）0.99~1.01倍，（短時間）0.98~1.02倍。

(3)其他：關於高頻率、電壓不平衡、電壓中斷以及電壓低等，請參照規格（短時間頻率數值是使用者可規定的）。

2.直流（這裏是指轉換器的電源。電池電源則另外要求）：

(1)電壓：公稱電壓的0.85~1.15倍。

(2)電壓中斷：20ms以下。到下次中斷爲止其間隔時間超過1秒。

(3)漣波電壓（峰值到峰值間的電壓）：不會超過公稱電壓的0.15倍。

■保證正常動作的周圍溫度

1.周圍溫度在5~40℃時可正確地作動。

2.高、低溫的溫度環境時，必須要規定補足要求事項（請參照**表4-3**）。
　備註：JIS C 0704：3.1、JEM 1029：2 JEM 1266：2.1項是-5~40℃，並且有規定24小時的平均值在35℃以下可正確地作動以及不會結冰等事項。

■保證正常動作的周圍溫度

1.最高溫度在40℃時相對濕度不超過50%的情況下可正確地作動。溫度低時也可以容許高濕度（例：20℃時90%）。

2.當可能依偶發的結露事件而產生不好的影響時，可考量機械作適當的設計，或有必要時採取適當的手段來避免（例：內建加熱器、空調機、排水孔）。

　備註：JIS C 0704 規定在相對濕度 45~85%（不結露）時來作動。

■保證正常動作的標高（高度）
電氣裝置在海拔1,000m爲止的高度都可以正常地作動。

■其他
省略幅射線、污染物、輸送、保管以及電磁波。請參照IEC60204-1。

(二)考慮作業空間設計的一般要求

1.關於維護性的作業空間（ISO12100-2 4.7）：接近性，包含環境、作

業服以及使用工具的尺寸都要考慮人體的尺寸。

2.控制盤周邊的作業空間（IEC60204-1 10.1.2、12.）：

(1)作業範圍0.6m以上。作業員從作業位置可輕鬆到達。

(2)控制盤是除了運轉、維護等普通作業外，不需拆除其他零件而能全面進行的。

(3)有需要定期性靠近的機器，其高度為從工作面高0.4m~2.0m。

(4)端子是從工作面高0.2m以上。

(5)JIS C 0364-4-481有規定「無電壓的控制盤表面和壁面以及控制盤間的最小尺寸」。規定值：最小700m，但是美國OSHA §1910：303則是762mm。因為美國規格有其他的要求，所以務必要注意。

第三節　機械安全防護

　　安全防護是指對安全防護區域設置固定式護罩、附互鎖裝置的可動式護罩等的防護物（guard），或者是光電式安全裝置、兩手操控裝置等的保護裝置或安全裝置（safety devices），來進行安全防護的方法，安全防護區域應考慮到下列規定：

1.造成機械性的危險或者有害性的運動部位，其動作的最大區域（以下稱為「最大動作區域」）。

2.對於機械性的危害源，當作業員身體的一部分進入到最大動作區域內時，對應進入之身體部位，為了防止發生被夾等的危害而必須確保的空間。

3.對應設置之護罩的形狀或保護裝置的種類，為了使該護罩或保護裝置的機能可以有效地發揮而必須確保之必要的距離所需的區域。

4.其他機械周邊曝露於危險性或有害性之區域。

防護物或安全裝置應對應作業員與機械相關連的作業，並依據下列規定來設置：

1.對動力傳導部位進行安全防護時，應設置固定式護罩、附互鎖裝置的可動式護罩。

2.對動力傳導部位以外的運動部位進行安全防護時，應遵循下列所示的規定：

(1)在機械正常運轉的情況下沒有必要進入安全防護區域時，在該安全防護區域的周圍應全部以固定式護罩、附互鎖裝置的可動式護罩等的護罩圍起來，或設置光電式安全裝置、感壓墊等當感應到人體部位進入時便可停止機械的保護裝置。

(2)機械正常運轉的狀態下必須進入安全防護區域，且藉由停止具危險性或有害性之運動部分的動作而進行安全防護時，應依下列規定

・安全防護區域的周圍除了作業員的身體之一部分可以進入之必要的開口部以外，其他地方應設置固定式護罩、附互鎖裝置的可動式護罩等的護罩，或光電式安全裝置、感壓墊等當感應到人體部位進入時便可停止機械的保護裝置。

・開口部應設置附互鎖裝置的可動式護罩、自動封閉式護罩等的護罩或是光電式安全裝置、兩手操控裝置等保護裝置。

・對於作業員可通過開口部而全身進入安全防護區域時，該安全防護區域應設置可感測作業員的裝置。

(3)機械正常運轉的狀態下必須進入安全防護區域，且藉由停止具危險性或有害性之運動部位的動作而進行安全防護對作業的遂行不適切時，應設置可調整式護罩（可全體調整或者具有可調整部分的護罩）將該運動部位的露出範圍縮減至最小限度。

一、防護物

關於防護物是指防止接近危險場所的策略,而保護裝置是指停止機械危險動作的策略。所謂「防護物」係為防止人體與機械危害的部分或危險地區直接接觸而設置的各種障礙物,包括護罩、護圍、護蓋、柵欄、柵門,如圖4-4所示。

(一)固定式防護物

固定式防護物應符合下列規定:

1. 作業員可能會觸碰到的部位不可有銳邊、銳角或突起物。
2. 應有足夠的強度,且使用不易腐蝕、劣化的材料。
3. 對於開關的絞鍊、滑動部位等的可動部或固定部位應有足夠的強度,能承受反覆動作等,且應採取防鬆脫或防掉落的措施。
4. 應以焊接或是必須使用工具才能拆卸的螺栓加以固定。

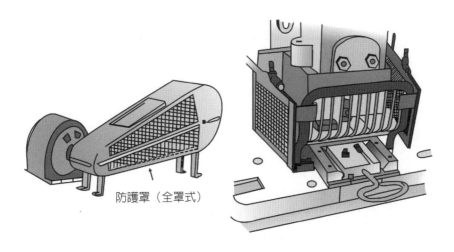

防護罩(全罩式)

圖4-4 防護罩及防護柵欄

如需在護罩設置能讓製品通過的開口部時，應依下列規定設置：

1. 開口部分的大小應盡可能維持最小限度。
2. 作業員身體的一部分可能通過開口部而到達機械的最大動作區域時，應設置如隧道型防護罩（tunnel guard）等的構造物來防止該作業員的身體進入最大動作區域。

(二)可動式防護物

可動式防護物應遵循以下所示之規定：

1. 當可動式護罩沒有完全關閉時，具危險性或有害性的運動部位不得作動。
2. 當可動式護罩關閉時，具危險性或有害性的運動部位不得自動開始作動。
3. 沒有鎖固機構（指危險性或有害性的運動部位在作動時，護罩無法開啟的固定機構。以下同）的可動式護罩，當其被打開時，正在動作中的危險性或有害性的運動部位應立即停止動作。
4. 附有鎖固機構的可動式護罩在危險性或有害性的運動部位的動作尚未完全停止前，護罩無法被打開。
5. 危險性或有害性的運動部位停止動作後，必須要經過一定的時間才能打開可動式護罩，其一定時間之設定必須要比該運動部位的動作停止所需的時間還長。
6. 鎖固機構不得輕易被無效化。

(三)可調整式防護物

可調整式防護物應不須使用特殊工具就能進行調整，而且可以在特定的運轉中覆蓋安全防護區域，或應盡可能包覆該安全防護區域。

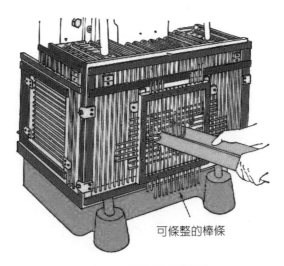

可條整的棒條

圖4-5 可調整式防護物

(四)互鎖式護罩的互鎖裝置

互鎖式護罩的功能乃確保護罩無法達成「隔離的原則」時,「停止的原則」可以成立。如**圖4-6**所示,互鎖式護罩由以可開啓之護罩門、微動開關以及凸輪三者組成。凸輪和護罩門結合為一體,當護罩門打開時凸輪即被帶動而旋轉。凸輪的轉動會驅動微動開關而使開關控制電氣迴路的導通或斷開。**圖4-6**所示的互鎖裝置為「正向模式」(positive mode)作用的斷路開關。當護罩門打開時,凸輪強制將微動開關往下壓而使開關造成斷路以停止機械的運轉。當護罩門關上時則因凸輪的缺口正好在微動開關的正上方,因此開關內的彈簧可以將接點回復至導通的位置。換言之,護罩門打開時「隔離的原則」無法成立,因此互鎖裝置便將電氣迴路斷開而使機械停止,如此則「停止的原則」成立。反之,當護罩門關上時則「隔離的原則」成立,開關即將迴路回復至導通的狀況。前述護罩門之開啓乃令互鎖裝置斷開迴路之直接原因,且微動開關被強制斷開為唯一之作用,因此這種作用模式稱為「正向模式」。

圖4-6　正向模式互鎖裝置

二、安全裝置

　　為防止人體進入機械的危害部位，除了可以設置各種障礙物予以防護外，尚可利用感應、機械原理、遙控及改善進卸料操作等方式的裝置，以確保機械的安全，安全裝置的作用包括下列四項：

1. 手或身體的任何部位誤入危險區內，安全裝置可使機械停止。
2. 人員操作時，可限制人員的手誤入危險區或將手從危險區拉回。
3. 需要操作人員使用雙手同時在機器的控制器上，使雙手和身體離開危險區。
4. 提供一個與機器作業循環同時作用的防護物，在機器作業循環中可保護手或身體進入危險區。

(一)感應式安全裝置

　　其設計、製作及安裝能產生一個感應場或是區域，並且當操作者的手

或是身體的任何一部分處於這個感應場或區域時，會將機器停止，感應式
安全裝置有光電式、射頻式及電機式等種類。

■光電式

一般稱為光柵的安全裝置，用光源系統控制器，能遮斷機器作業循
環。若光（線）場（light field）被遮斷，機器馬上停止，不再繼續循環。此
種裝置使用於在人員到達危險區之前，能被停止的機器。**圖4-7**為半轉式動
力衝床，當光線被遮時，停止機構（stopping mechanism）就被起動，滑塊
同時也就不會循環。

圖4-7　採用光柵的光電式安全裝置

■射頻式

這種安全裝置使用電磁波束（radio beam），此電磁波束為機器控制線
路的一部分。當電容場（capacitance field）被遮斷，機器馬上停止，不會起
動，與光電管式一樣，此種裝置僅使用於在工人到達危險區（如操作點）
前，機器能被停的情況，如**圖4-8**。射頻式需要機器具備一個摩擦離合器
（friction clutch）或其他作停用的可靠的方式。

電容場

圖4-8 射頻式安全裝置

■電機式

此裝置有一探針（probe）或接觸棒。當操作員開動機器作業循環時，探針或接觸棒會降下已設計好的一段距離。如果有任何阻礙存在探針或接觸棒不能完全降至其設計好的距離，則控制線路不會起動機器作業循環。**圖4-9**為在打孔機上的電機式安全裝置。

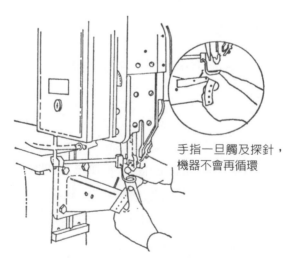

手指一旦觸及探針，
機器不會再循環

圖4-9 打孔機上的電機式安全裝置

(二)拉回式安全裝置

拉回式安全裝置為利用一套在作業員的手、手腕和手臂的纜線,來控制作業員勿將手伸進危險區。通常此裝置都安裝在有衝擊動作的機器上。當滑塊上升時,作業員的手可以接近操作點,當滑塊開始下降時,拉回裝置會把手從操作點拉回,如圖4-10所示。

側置式

上置式

圖4-10 拉回式安全裝置

(三)限制式安全裝置

此種安全裝置為利用纜線或帶環,套在操作員的手上及一個固定點。纜線及帶環需調整,操作員的手移動範圍在設計好的安全範圍之內。這種纜線或帶環的設計沒有延長或收縮的動作。操作時若需將物料放在危險區,常需以手拿夾子之類的進料工具,圖4-11即屬衝床上的限制式安全裝置。

上置式

側置式

圖4-11　衝床上的限制式安全裝置

(四)掃除式安全裝置

　　在衝剪機械之滑塊向下的衝程中，利用掃臂（掃除桿）從危險區前面掃過，將誤入此區之手部以機械動作排除之安全裝置，掃臂設置當滑塊等動作中能確保手部安全之防護板，掃臂振幅需在金屬模寬度以上。掃臂及防護板具有與手部或人體其他部位接觸時能緩和衝擊之性能。

圖4-12　掃除式安全裝置

(五)安全控制器

安全控制器主要有三種：安全絆擋控制器（safety trip control）、雙手控制裝置（two-hand control）及雙手制動裝置（two-hand trip），詳述如下：

■安全絆擋控制器

此類別包括用於在緊急情況下提供快速停止機器的機制和系統。安全絆擋控制器通常包括安全桿及安全繩，當在安全桿被壓或拉下，或安全繩被拉扯時停止機器動作。如果操作員絆倒、失去平衡或以其他方式被吸入機器，此功能會在操作員的身體到達危險區域之前停止機器。

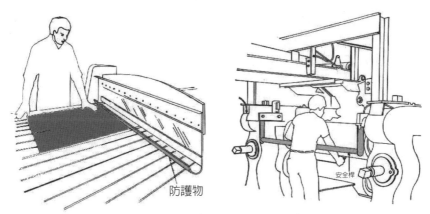

防護物 安全桿

圖4-13　安全絆擋控制器之應用例

■雙手控制裝置

以雙手持續且同時壓下控制器，才能使機器起動的控制裝置，這種控制器需要半轉式離合器（離合器接合後可以在任一點被切離、剎車者），當操作員雙手離開控制器，滑塊即停止動力並進行剎車。控制器的位置需與危險區保持一段最小安全距離，使得操作員的手部不致在滑塊到達衝模前進入危險區。

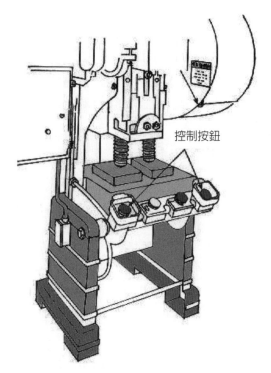

控制按鈕

圖4-14　衝床之雙手控制、起動開關

■雙手制動裝置

　　以雙手瞬間同時按下控制器來起動衝剪機械，這種控制器一般使用在全轉式離合器（離合器接合在完成一個衝程前無法切離者），此種裝置需要裝在離操作者足夠的距離，使作業員在機器運轉前半循環完成之前（即滑塊尚未到達衝模之前），其雙手無法從控制器伸進危險區。

三、以位置或距離作為安全防護的方法

　　以位置防護機器及其危害的移動部分，須使作業員在操作機器時，無法接近危害區或不造成危害，其具體作法如下：

1.以圍籬或建築設施將機械圍起來（如圖**4-15**）。

2.將機械危險的部分安置在較高的地方（如圖**4-16**）。

3.保持足夠安全距離。

圖4-15　自動化產線輸送帶使用之安全圍籬

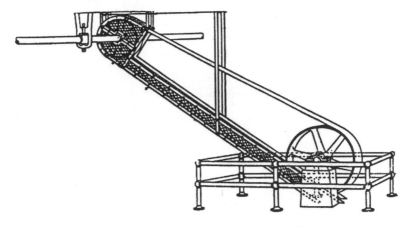

圖4-16　機械危險的部分安置在較高的地方

四、進料和出料方法

　　機械造成傷害常發生在進料及出料的時候，此時操作員會接近機器的危害區，如果無須讓操作員親自做進出料的工作，即可避開機械的危害，採取方式如下：

(一)全自動進料

　　這種進料方式可以減少作業員直接暴露於工作點，在機械起動之後，操作人員只是進行機器的監視或排除故障等工作。（圖4-17）

圖4-17　全自動進料衝床

(二)全自動出料

　　這種出料方式多以氣壓或機械裝置（利用振動、重力或其他器具）將完成的工件衝床等機器移除，出料裝置與作業控制器連鎖，直到完成的工件出料之後才繼續作業。

(三)半自動進料

作業員使用傾斜槽之類的機構,使物料在每個加工作業循環,自動進入加工區域,操作人員的手部不會接近危險區。

(四)半自動出料

使用柱塞等器具將加工物料向前推進,當柱塞(plunger)從模具處抽出,與柱塞相連的射出器端腳(ejector leg)將完成的工件打擊出去。

(五)其他輔助方法

■警示柵欄或纜繩

利用視覺陳示提醒員工注意,勿接近危險區域,此類設置並未提供身體上的保護功能。

■防護罩或檔板

防護罩或擋板可以防止加工過程產生的切屑、粉塵或油霧之飛散、噴濺(如圖**4-18**)。

圖4-18 裝置在車床上防止飛屑之透明防護罩

■手進料輔助工具

　　使用手進料時，為避免手部進入機器危險區，可使用輔助工具，此類工具僅供輔助之用，不能視為安全防護物。

第四節　機械安全附加保護措施

　　在操作、使用機械時為了迴避會造成職業災害的緊急情況所採行之保護方案與策略，其屬本質安全設計、安全防護以及使用資訊以外的手段。採用方式如下所述：

1.應附加緊急停止裝置應符合以下所示之規定（**圖4-19**、**圖4-20**）：
　(1)可明確以目視辨認，且設置必要的數量於可以馬上操作的位置。
　(2)當操作時，其功能之實施應優先於機械所有其他運轉模式之機能，且不會增加風險的產生，而盡可能地將機械迅速停止。又，因應需求，使保護裝置開始作動或使其處於可以作動之狀態。

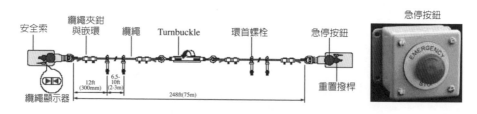

圖4-19　緊急停止安全索與急停按鈕

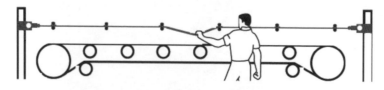

圖4-20　裝置在滾動機械上的緊急停止裝置

(3)停止命令應持續到解除為止。

(4)僅限於在實施既定的解除操作時，才可解除緊急停止狀態。

(5)即使解除之後也不可馬上再起動。

2.應具備可讓被機械夾住或捲入而受困的作業員脫離或施以救助的措施。

3.應具備可以遮斷機械的動力源，以及可以去除機械積蓄的能量或清除殘留能量的措施。遮斷動力能源應依以下之規定：

(1)可以遮斷所有的動力源。

(2)動力能源的遮斷裝置應可以清楚地識別。

(3)當從動力能源之遮斷裝置的位置無法目視到作業中的作業員等必要之情形時，遮斷裝置應可以在遮斷動力能源的狀態下上鎖。

(4)在遮斷動力能源後，機械如仍有蓄積能量或者殘留能量時，應使該能量在不會對作業員產生危害的狀態下將其除去。

4.為了防止機械搬運時的危害，應採取裝設吊掛的吊鉤等附屬裝置等的措施。

5.為防止墜落、滑倒、絆倒等，應遵循以下之規定：

(1)高處作業等而有墜落等之虞時，應設置作業平台，且在該作業平台的四周設置扶手欄杆。

(2)當有可能在移動時發生滾落之虞時，應設置安全的通路或階梯。

(3)當在作業地面有發生滑倒或者絆倒之虞時，應施以地面防滑措施。

第五節　機械安全使用資訊

若採用本質安全設計措施、安全防護和補充保護措施，但風險仍存在時，則應在使用資訊中明確告知殘餘風險。

使用上的資訊之內容應包含下列所規定的事項，以及其他為了可以安全使用機械的通知或應該警告的事項：

1.製造者等業者的名稱以及住址。

2.型式或者製造號碼等可以特定機械的資訊。

3.機械規格以及構造的相關資訊。

4.機械的使用等之相關資訊：

　(1)意圖使用的目的以及方法（包含機械的維護檢點等相關資訊）。

　(2)搬運、設置、試車等機械在開始使用時之相關資訊。

　(3)解體、報廢等機械在停止使用時之相關資訊。

　(4)機械發生故障、異常等狀況下的相關資訊（包含機械維修後的再起動之相關資訊）。

　(5)在合理可預見的錯誤使用以及禁止的使用方法。

5.安全防護以及附加保護方策的相關資訊：

　(1)目的（防護對象之危險性或有害性）。

　(2)設置位置。

　(3)安全機能及其構成。

6.機械的殘留風險等的相關資訊：

　(1)製造者等的保護方策所無法除去或降低的風險。

　(2)因特定用途或使用特定附屬品所可能產生的風險。

　(3)使用機械的事業單位應該要實施的安全防護、附加保護方策、作業人員的教育、使用個人防護具等保護方策的內容。

　(4)意圖使用下所處置或被放出之化學物質等的物質安全資料表。

使用上的資訊之提供方法應依以下所示規定或以其他適切的方法（如**圖4-21**）：

1.標示、警告標誌等的黏貼，應依以下所示之規定：

　(1)應張貼在可能會發生危害的場所附近的機械內部、側面或上方等

圖4-21　各種危害警告標示

　適當的場所。

(2)在機械壽命期間內應要能明確地判讀。

(3)不可容易脫落。

(4)標示或者警告標誌應符合以下所示之規定：

　　・說明危害的種類以及內容。

　　・指示禁止事項以及應該進行的事項。

　　・應明確並可馬上理解。

　　・可以再次提供。

2.警報裝置應符合以下所示之規定：

(1)因應需求設置使用聽覺信號或者視覺信號之警報。

(2)應設置在機械內部、側面、上方等適當的場所。

(3)在機械起動或者超過速度時發出警告所使用的警報裝置應符合以
　　下所示之規定：

・預測危險的發生，在危險發生前就要發出警告。

・不可曖昧不明。

・應能確實地認識或感知，且可與其他信號做出區別。

・警告不可容易產生感覺上的習慣性。

・發出信號的部位應容易進行檢點。

3.使用說明書等文書資料的交付，應符合以下所示之規定：

  (1)在機械本體交貨時或者在交貨以前的適切時期提供。

  (2)具有維持字體可以判讀的耐用性，直到機械報廢為止。

  (3)盡可能地以簡潔並容易理解的方式來陳述內容。

  (4)可以再次提供。

Chapter 5

機械安全管理

- 機械安全源頭管理
- 機械設備保養與檢查
- 機械安全教育訓練

機械安全

近年來機械朝向高速化、精密化、大型化及自動化發展，因此，機械設備的故障和危害型態也愈形複雜，其災害的嚴重性也更加劇烈。國內職業安全之相關法規，由於其保護勞工的立場，大都要求雇主負起安全維護之責，即使對機械構造訂有安全規範，也少有對製造商要求其負責。另一方面，除某些特定機械訂有較完整之規範外，絕大多數的機械均缺乏一般性的構造規範。為了防止不安全機械產品造成勞工危害，職業安全衛生法規定指定之機械設備應進行源頭管制，將原本屬於末端管理的「安全查察制」修改為源頭管制的「安全驗證制」。因此，安全責任由雇主轉而要求設計、製造者，作業的安全希望藉由機械的安全性能來加以提升。這類制度的實施以失效安全的精神為其主要的認證依據，於設計之初即以安全設計的手法將潛在的危害源消除。因此，機械器具設備的安全更須由廠商，在機器的起草設計、製造開始上，就已經將安全觀念加入，假定操作者日後操作機器可能遇到致災的情境，藉由設計的改變，以消弭操作機器可能造成的危害。為落實源頭管制之立法精神，由指定機構推動機械設備驗證制度，建立源頭管制「安全驗證制」的執行方法。對機械安全性的檢定、驗證對象漸次擴增，以有效落實源頭管制之立法精神，以期符合國際上機械設備安全之發展趨勢。

第一節　機械安全源頭管理

沒有機器不會發生故障，同時也沒有人不會犯錯。因此在機器的設計上必須要有在機器發生錯誤時，亦能儘可能確保作業人員安全的基本設計，亦即藉由工程技術來確保機械的安全性，此乃機械本質安全設計的概念。而要導入機械本質安全設計須從機械設計階段，遵循安全設計的步驟，以期達到降低風險的目標（機械安全設計指南，2007）：

步驟1：決定機械使用狀況的範圍。

步驟2：預設危險狀況，並進行風險評估。

步驟3：透過本質安全設計的方式，達到排除危險及降低風險的目標。

步驟4：針對殘餘風險設置保護閘門及安全功能等危險防護措施。

步驟5：針對最後所剩下的殘餘風險，對使用者提供相關資訊並顯示警告。

　　在國際上，以歐洲為首的西方各國以及日本，甚至鄰近的韓國等，近年來均規定製造者、輸入者或供應者對於不符安全標準之機械、設備、器具，不得製造出廠、輸入、租賃、供應或設置。為了提升機械產品等的安全，世界各國莫不制定相關標準及各自發展出一套符合模式或檢定制度。歐盟有CE Marking，韓國有S-Mark、KCs Mark，我國的TS安全標章等。

　　「職業安全衛生法」於102年7月3日修正，增訂該法第7條至第9條所定之指定機械、設備及器具執行源頭管理，並自104年1月1日施行，爰此，動力衝剪機械、手推刨床、木材加工用圓盤鋸、動力堆高機、研磨機、研磨輪、防爆電氣設備、動力衝剪機械之光電式安全裝置、手推刨床之刃部接觸預防裝置、木材加工用圓盤鋸之反撥預防裝置及鋸齒接觸預防裝置，及其他經中央主管機關指定公告之機械、設備或器具，列管機械設備器具種類：

1.動力衝剪機械。

2.手推刨床。

3.木材加工用圓盤鋸。

4.動力堆高機。

5.研磨機。

6.研磨輪。

7.防爆電氣設備。

8.動力衝剪機械之光電式安全裝置。

9.手推刨床之刃部接觸預防裝置。

10.木材加工用圓盤鋸之反撥預防裝置及鋸齒接觸預防裝置。

以及其他經中央主管機關指定公告者。（108年公告2項如下）勞職授字第1080200333號公告於108年8月1日生效^(註)。

11.金屬材料加工用車床（含數值控制車床）

12.金屬材料加工用銑床／搪床、加工中心機、傳送機。

交流電焊機用自動電擊防止裝置係「職業安全衛生法」第8條第一項規定應實施型式驗證之產品，這些產品之製造者或輸入者應依法確認其構造、性能及防護符合安全標準，或送經中央主管機關認可之驗證機構，實施驗證其產製或輸入之產品符合安全標準。產製或輸入之產品確認符合安全標準，再於中央主管機關指定之機械設備器具安全資訊網，申報安全資訊及完成登錄（網址為https://tsmark.osha.gov.tw），並於其產品明顯處張貼安全標示（圖5-1）或驗證合格標章（圖5-2）。依「機械設備器具安全資訊申報登錄辦法」第4條規定，共有三種方式可以在提出佐證的情況下完成申報登錄。以下是三種方式的內容：

1.委託經中央主管機關認可之檢定機構實施型式檢定合格。

2.委託經國內外認證組織認證之產品驗證機構審驗合格。

3.製造者完成自主檢測及產品製程一致性查核，確認符合安全標準。製造者、輸入者、供應者或雇主（使用者）可至機械設備器具安全資訊網查索登錄資訊。

第三種方式應符合下列規定：

1.自主檢測，由經認證組織認證之檢測實驗室實施。

註：勞動部於110年4月29日公告，修正數值控制車床及加工中心機為「職業安全衛生法」第7條第1項所稱中央主管機關指定之機械推動時程，將原先預計於110年8月1日實施第二階段源頭管理之數值控制車床及加工中心機，調整至112年1月1日實施。108年7月24日勞職授字第1080202956號公告，自即日起停止適用。

　2.產品製程一致性查核，由經認證組織認證之機構實施。

　3.檢測實驗室之檢測人員資格條件，依**表5-1**之規定。

　單品申報登錄者，免實施第一項第三款之產品製程一致性查核。

表5-1　第4條第3項第3款之檢測人員之資格條件

人員類別	資格條件
檢測人員	應符合下列規定之一： 1.大學校院機械或電機相關學系碩士以上畢業，並具實際從事檢測對象產品相關之研究、設計、製造、安全檢查、安全測試實務經驗一年以上而有證明文件者。 2.大專校院機械或電機相關科系以上畢業，並具實際從事檢測對象產品相關之研究、設計、製造、安全檢查或安全測試實務經驗二年以上而有證明文件者。 3.高級工業職業學校機械或電機相關科組畢業，並具實際從事檢測對象產品相關之研究、設計、製造、安全檢查或安全測試實務經驗三年以上而有證明文件者。 4.其他經中央主管機關認定具有同等資格條件者。

TD000000

圖5-1　安全標示

註：1.安全標示顏色：黑色K0，或為配合製造者或輸入者自行製作安全標示之實務需求，
　　　經向中央主管機關申請同意使用之其他顏色。
　　2.安全標示由圖式及識別號碼組成，識別號碼應註明於圖式之右方或下方。
　　3.安全標示尺寸配合機械、設備或器具本體大小及其他需要，得按比例縮放。

TC000000-XXX

圖5-2　驗證合格標章

註：1.驗證合格標章顏色：黑色K0，或為配合製造者或輸入者自行製作驗證合格標章之實務需求，經向中央主管機關申請同意使用之其他顏色。

　　2.驗證合格標章由圖式及識別號碼組成，識別號碼應註明於圖式之右方或下方。

　　3.驗證合格標章尺寸配合機械、設備或器具本體大小及其他需要，得按比例縮放。

第二節　機械設備保養與檢查

一、機械設備保養

　　保養的定義乃維持整個生產系統之可靠性於一合理水平，亦即使所有機械設備能依生產計畫不停操作之意。在選擇保養制度時，應先考量工廠型態（產品、生產設備、產能、產量、人員組織、工廠文化等），以選擇最經濟而有效益的保養管理制度；各種保養方式與制度各有其優缺點，交互運用可以互補其短。常見的保養維修管理制度種類有：損壞保養、預防保養、改良保養、保養預防、預知保養、全員保養、可靠度保養，其中預知保養是指設備在運轉不停機狀態下做定期檢測，藉由各種檢測工作掌握設備運轉狀況，用以得知設備損壞部位，預測尚可運轉時間。

(一)預知保養的效用

　　預知保養主要在於補足現行保養制度的缺點，設備沒有問題並不需要定期停機更換零件，若能掌握設備狀況就能延長保養週期。設備發生問題還能運轉多久？需不需要立即停機檢修？掌握設備損壞的元件狀況，就能安排停機時間，避免非預期性的停機檢修。設備停機檢修的目的為何？設備該做什麼？拆哪個元件？換哪個元件？修哪個元件？利用適當的工具，執行正確的量測與分析，明確剖析損壞程度，就能達到壞哪裏修哪裏的理想維修。

(二)預知保養的作法

■找對工具

　　所謂：「工欲善其事，必先利其器」，所以找對工具是預知保養的第一個課題，然而理想的預知保養工具必須具備的相當的條件：

　　1.不干擾設備運轉、不需停機、不影響生產。

　　2.不需拆機檢測。

　　3.非破壞性檢測、對設備不具破壞性。

　　4.可研判、追蹤異常來源。

■訂定計畫

　　評估機器設備狀況，進行計畫性保養。

　　透過預知保養技術期使保養工作藉由正確的工具執行檢測與分析，確保保養工作的正確性與增進保養效率。

　　機械元件大約有12%比例因為本身的缺陷而提早損壞，如此將使計畫性保養完全失去功能。連續性生產的工廠，設備是工廠生存的命脈，異常停機的損失當然相當龐大，許多大工廠每年因異常停機損失就高達八百萬

機械安全

以上甚至數千萬元。預知保養不但偵測設備壽命與問題,最重要的是預知
保養技術可協助改善設備可靠度期,使機器運轉壽命有效提昇。

■完整訓練

預知保養技術將使全體員工瞭解生產設備的可靠度,進而有效地降
低操作的動作損失與等待損失,增加效率。工廠設備透過預知檢查,亦即
對設備實施定期體檢,有效提昇員工對工廠的信賴度,並可提昇生產力。
透過預知保養技術與完整正確的訓練,達到有效地診斷損壞零件或老化零
件,防止過度保養的缺陷,例如:

1.零件提早更換損失。

2.潤滑油加油量過度的浪費與環境的汙染。

3.異常原因掌握困難行程過度保養。

4.無法掌握設備可靠度。

5.無法針對弱點提出對策而反覆執行預防保養的重複工作。

■元件改良

透過預知保養技術偵知問題點,再使其劣化復原的過程,振動技術可
提供使用者非常廣泛的訊息,例如:

1.齒輪安裝不當,造成齒輪異常。

2.泵浦設計不良,造成腐蝕、軸封損壞。

3.馬達軸心剛性不足,造成絕緣破壞、耗電。

4.軸承設計錯誤造成軸向振動,軸承壽命低。

(三)預知保養的技術

在工廠開始實施預知保養制度時,大部分都會先導入振動分析技術,
因為對於大部分屬於機器方面的問題,都可以振動技術很快找出解決的方
法,然而預知保養尚有許多不可忽略的技術,如溫度檢測技術、磨潤檢測

技術、超音波檢測技術、電器設備檢測技術、製程參數分析技術及感官點檢方法等，都是完整的預知保養技術中不可或缺的一環。

(四)提供預知保養產品與技術資源

　　轉動設備振動連線監控與異常檢測、重要轉動設備維修與改善、離心式／往復式壓縮機冷凍機振動量測檢測分析、渦輪（turbine）／發電機振動量測檢測分析、風車／泵浦振動量測檢測分析、冷卻水塔振動量測檢測分析、結構／樓板振動量測檢測分析、精密雷射軸對心校正服務（高低速轉動設備）、動平衡校正服務（高低速轉動設備）、機台大修與檢修、超音波測漏、潤滑油品檢驗分析、熱影像量測分析、轉動設備保養管理技術訓練。

二、機械設備檢查

　　為了確保機械設備之性能及安全條件，除了必要的保養之外，藉由定期檢查可事先發現機械設備潛在的安全問題，並即時進行維修及必要的處理。管理單位應依設備分類結果規劃機械設備檢測頻率，並建立檢查、測試、預防維修計畫，內容應至少包含檢查方法、檢查程序及檢查紀錄內容，說明如下（機械完整性管理程序參考手冊，勞動部職業安全衛生署108年）：

　　1.檢查方法可分為目視檢查或非破壞性檢查：
　　　(1)金屬容器、桶槽或管線：目視、超音波測厚儀等檢測腐蝕及磨損情形。
　　　(2)非金屬製設備及管線：目視、工業內視鏡等檢查開裂及磨損情形。
　　　(3)轉動設備：透過製程系統之壓力、溫度、流量等檢查其運轉效能，亦可由振動檢測、潤滑油分析等技術預知轉動設備之故障及

壽命週期。

(4)保溫管線：使用導波儀、紅外線溫測器、X光檢測儀等檢查保溫管線之腐蝕情形。

(5)電氣設備：使用紅外線溫測器檢測電氣盤內零件、馬達軸承、轉子故障等情況，並使用電阻、電壓計檢測接地情形。

(6)其他製程設備：依設備可能發生之損壞情形，選用適當檢測儀器檢測其功能是否正常。

2.檢查程序內容應至少包括下列事項：

(1)檢查者及檢查日期。

(2)設備編號及名稱。

(3)容許上下限值，檢查週期，實際測量值。

(4)檢測方法與儀器，儀器校驗日期。

(5)應能標示檢測位置（可以圖形或照片輔助標示）。

3.檢查周期應依設備維修手冊、實際製程操作情況、使用之化學品特性等綜合評估，以確保其適用性及有效性。另檢查周期調整前，應先蒐集維修報告、實際操作問題、設備故障率等資料，供製程工程師及可靠度工程師評估與批准後，始得依變更管理程序實施變更。

4.檢查紀錄表（如**表5-2**）應妥善保存，並提供給維修工程師及可靠度工程師實施可靠度分析，以預測設備之生命週期，俾排定維修日期及準備備品，檢測儀器亦應定期校驗，以確認儀器之準確性。如檢查、測試工作委外執行，維修單位應先確認承包商之檢查及測試程序書，並審核其檢查人員能力資格，於檢查完成後，相關檢查紀錄應送回維修保養單位保存。

透過預知保養及檢查、測試、操作等作業，發掘設備缺失，並應立即停止運轉，同時依相關矯正程序，採取適當之安全措施，以防止意外發生，且亦應註明於改善紀錄表中，以利後續分析及查驗。

表5-2　檢測／保養異常紀錄表

項次	單元區	設備編號	檢測／保養日期	異常情況描述	改善對策	報告編號
1						
2						
3						
4						
5						
備註						

三、設備標準維修程序

　　設備維修係為即時維護設備完整性或優化設備性能，確保設備安全運行，以防止設備發生異常或故障等情形致引發職業災害，管理單位應建立設備標準維修程序，使從事維修工作之人員均能安全、確實執行維修工作，以確保維修保養品質符合規範及設備效能之要求，其內容應至少包括下列事項：

　　1.文件編號、程序名稱、修訂日期、修訂人或核准人姓名等資訊。

　　2.製程危害風險評估、安全保護、許可證等資訊。

　　3.維修工具及備品說明一覽表、工作前準備事項等資訊。

　　4.維修步驟（步驟如無法用文字完整說明，應配合圖形或照片，使維修保養人員能清楚明瞭）。

　　5.維修紀錄表，內容至少包括維修人員姓名、維修日期、設備編號及名稱、故障原因、更換備品名稱、校正或檢查、測試結果等資訊。

　　管理單位應確保維修人員容易獲取及正確掌握設備標準維修程序，並定期審閱及更新，確認該標準程序之有效性與正確性。另雇主除對相關標準程序之更新修訂日期、修訂人員姓名、更新事由等項目應確實記錄外，亦應使相關維修人員接受變更後教育訓練，以正確操作相關設備。如果設

備委外維修時，維修單位應先審核承包商之維修程序書、品保程序書、維修人員能力資格等事項，俟維修完成後，相關維修保養紀錄應送回維修保養單位保存。

四、機械完整性持續改善

(一)不預期故障或洩漏事件調查

雇主應組織相關作業人員針對不預期之設備故障、洩漏、火災、爆炸等事件展開調查，可透過故障原因分析技術（root cause failure analysis, RCFA）找出硬體、人為及系統上缺失，並提出改善具體措施（如改善方式、改善設備、負責人、完成時間等），並持續追蹤，直到達成預期成效為止。

(二)設備可靠度改善

工廠維修或可靠度單位應持續改善生命週期短或運轉不穩定之設備，避免因備品無法及時供應而造成生產中斷或增加安全風險。

(三)機械完整性績效指標（key performance indicator, KPI）

事業單位應建立機械完整性關鍵績效指標與年度目標來管理與追蹤機械完整性之實施進度與成效，並每月或定期於工廠安全會議上由廠長、工安經理或以上管理階層進行審閱及追蹤進度，如實施進度落後時，應討論發掘根本原因，並訂定改善措施，常用之機械完整性關鍵績效指標說明如下：

■落後指標（lag metrics）

落後指標係指實際運轉或操作之績效數據，應至少包括下列事項：

1.關鍵設備故障次數,設備平均故障間隔時間(mean time between failure, MTBF)。

2.設備故障引起之洩漏、火災、爆炸或其他事故發生次數。

3.改正措施未如期完成之次數或比例。

4.緊急搶修之次數或緊急搶修占總維修次數之比例。

5.年度機械完整性計畫或預算執行率。

■領先指標(lead metrics)

領先指標係指機械完整性系統建構執行之績效數據,應至少包括下列事項:

1.計畫性維修占總維修任務之比例(每週或每月衡量)。

2.關鍵性設備建立預防、預知保養之比例(每週或每月衡量)。

3.設備預防、預知保養申請延後之比例。

4.機械完整性持續改善預算占總維修預算比例。

5.關鍵性設備等待維修超過一週以上占總關鍵性維修工單之比例(以維修工單開出至排入維修時程期間)。

6.關鍵性設備未如預定日期完成維修之數量。

(四)機械完整性改善計畫預算編列

雇主執行機械完整性改善計畫常見失敗原因之一,係未編列適度預算增加人力、技術、儀器或電腦維護管理軟體,爰除維修保養主管應於年度預算編列時,依機械完整性改善計畫進度編列預算,並與平日維修預算分開外,管理階層應定期於廠務會議中審閱預算執行情況,並提供相關資源,展現對機械完整性改善之承諾與支持。

機械安全

五、機械完整性稽核

事業單位可依機械完整性檢核表（如**表5-3**），評估機械完整性執行情形，並強化相關事項，以確保製程安全，避免發生職業災害。

表5-3　機械完整性檢核表

項目	問項結果			現況說明	改善建議事項
	是	否	不適用		
1.建立壓力容器與儲槽機械完整性書面程序書					
2.建立管線（包含管線組件如閥）機械完整性書面程序書					
3.建立釋放及排放系統機械完整性書面程序書					
4.建立緊急停車系統機械完整性書面程序書					
5.建立控制系統（包含監測設備、感應器、警報及連鎖系統）機械完整性書面程序書					
6.建立泵浦（包含轉動設備）機械完整性書面程序書					
7.建立PSM涵蓋範圍內之所有設備清單					
8.分類區別關鍵性設備及非關鍵性設備					
9.制定新建工程與設備安裝作業程序					
10.制定檢查及測試程序					
10.1 依公認及普遍可被接受之良好工程實務標準（RAGAGEP）、設備商建議、實際操作情形等資訊，建立及實施檢查、測試、預防維修計畫（ITPM）					
10.2 確認預防維修計畫（ITPM）已納入全部關鍵性設備之檢查、測試、維修保養項目					

（續）表5-3　機械完整性檢核表

項目	問項結果			現況說明	改善建議事項
	是	否	不適用		
10.3 依公認及普遍可被接受之良好工程實務標準（RAGAGEP）（如API580、581、689／ISO 14224），檢查及測試關鍵性設備損壞情形					
10.4 辨識與評估所採用非破壞檢測方法之正確性及有效性					
10.5 校正及維護檢驗測量儀器、非破壞檢測設備及試驗設備					
10.6 確認檢查及測試頻率與製造商建築或公認及普遍可被接受之良好工程實務標準（RAGAGEP）一致					
10.7 依據檢查及測試紀錄（發生失效、腐蝕）、實際操作情形等，更新檢查及測試頻率					
10.8 依據管線系統分類、API570或風險評估等規劃管線檢測頻率					
10.9 制定管線檢測計畫，並確認是否包含下列事項及明定其檢驗範圍及方式： (1)外部目檢。 (2)保溫層下腐蝕（CUI）。 (3)測厚。 (4)小口徑管線。 (5)輔助管線與螺紋連接件。 (6)洩壓裝置（PRD）。					
10.10 確認檢查及測試文件是否包含下列事項： (1)檢查或測試日期。 (2)執行人員姓名。 (3)設備編號及名稱。 (4)檢查或測試程序及儀器。 (5)容許上下限值，檢查週期，實際測量值。 (6)檢查或測試結果。					

機械安全

（續）表5-3　機械完整性檢核表

項目	問項結果			現況說明	改善建議事項
	是	否	不適用		
10.11 確認PSM涵蓋範圍內所有設備是否具完整測試紀錄、檢定證書或出廠品質保證書？					
11.制定設備缺失矯正程序					
11.1 確認對超出製程操作或設備規範界限之設備，立即停止運轉，並採取必要矯正措施					
11.2 承上，確認製程操作或設備規範已於界限內後，方能繼續設備之操作					
12. 制定設備標準維修程序					
13. 制定品質保證計畫					
13.1 針對設備之建造及安裝，破認其採用正碳之材質備品，且適用於製程					
13.2 確認設備安裝符合原始設計規格					
13.3 確認維修材料、零組件及設備符合未來製程應用之需要					
13.4 審核關鍵性設備及其備品供應商之品保系統，並定期對供應商實施品保系統再稽核					
13.5 依據設備生命週期、平均故障間隔時間（MTBF）、備品交貨期等資訊制定安全庫存量					
14.制定人員教育訓練計畫					
14.1 辦理檢查、測試與維修等人員（含承包商）製程及其危害概述訓練					
14.2 辦理檢查、測試與維修等人員（含承包商）工作所需之專業訓練					
15.持續改善機械完整性					
15.1 針對轉動設備之可靠度及安全性實施風險評估（如FMECA或相關應用軟體）					
15.2 承上，制定評估頻率及審查機制					
15.3 制定機械完整性關鍵績效指標（KPI），據以追蹤及管理機械完整性實施進度與成效					

第三節　機械安全教育訓練

　　教育訓練的目的在提昇個人技能，塑造個人的獨立性和自信心，以及使個人適才適所。無論是在學理或實務上，教育訓練與外在環境變遷、企業成長與勞工生涯發展都息息相關。

一、安全教育的方法

　　安全教育目標須能「知行合一」，只有知不能行是無法改變不安全的行為，欲達到「知道、能做、真做」的目標，應掌握教育八原則與教法四階段。

(一)教育八原則

　　1.站在對方的立場，教不懂表示教不好。
　　2.引起學習動機。
　　3.由淺入深，循序漸進。
　　4.一次一事，避免一次教很多項。
　　5.反覆練習，增加記憶。
　　6.具體強調重點，切忌含糊不清。
　　7.活用感官，強化視聽教學效果。
　　8.說明如此做的理由，和做與不做的差別。

(二)教法四階段

　　1.第一階段：導入，教學前的準備。
　　2.第二階段：提示，說明作業的方法及示範。

3.第三階段：試作，依所教的方法或示範，試作一次。

4.第四階段：確認，教後評量是否已學會。

二、安全教育的實施

　　教育三要素即知識教育、技能教育及態度教育，安全教育須具備使知道（知識教育）、使會做（技能教育）、使願做（態度教育）三要素。知識教育著眼於危害認知，使其知道危害在哪裏。技能教育強調避開危害的方法，並使其有實作的機會，且確實會做。態度教育是最具挑戰性者，教育訓練的成敗關鍵，行為的導正是教育訓練的最終目的，態度的匡正需應用管理上的策略，藉由主管人員不斷地提醒與要求，並輔以獎懲制度誘發動機使其願意去做，讓公司每個成員達成共識，形成整體的安全文化。

三、預知危險訓練

　　為防止災害發生，除依法令規定實施之教育訓練之外，不斷地在職訓練是必需的，預知危險訓練是在工作場所中以團隊合作的方式，大家一起迅速地、正確地來先知先制確保安全的訓練。其中包括以下三種訓練：

(一)感受性訓練

　　為了做到先知先制確保安全的要求，除了培養小組團隊對於危險的警覺性之外，還要更進一步提高每個人對於危險的警覺性。讓每個成員皆能感受到危險的情境。

(二)短時間集會訓練

　　在工作場所中的全體成員積極地互相商談與思考，以腦力激盪方式，去挖掘問題並具體明確地指出危險所在。

(三)解決問題訓練

　　針對危險根源，在採取行動之前以小組全體的幹勁去解決問題，應用人的從眾性使全體能有一致的行動。

　　預知危險訓練在日本行之有年，且預防災害之成果卓著，可在短時間提昇危險預知能力，並在職場生根、習慣，強化領班及作業人員的安全意識，可有效地預防電氣災害的發生。

四、機械操作維修相關人員訓練

　　事業單位生產使用之機械設備，從操作人員、維修保養人員、部門主管及與機械設備業務相關之人員，都應接受相關之安全衛生教育訓練，令其明瞭製程系統的運作、可能造成的危害，以及工作上所需具備的技術、步驟，以確保員工能安全地執行工作。尤其對於實施機械設備之檢查、測試、維修保養等作業人員，除應接受一般安全衛生教育訓練之外，進一步須接受工作相關之在職教育訓練，其內容至少包含下列事項（機械完整性管理程序參考手冊，2019）：

　　1.職業安全衛生法令規定。

　　2.製程概要。

　　3.危害及風險。

　　4.標準作業程序。

　　5.緊急應變程序。

　　6.其他。

　　另雇主應制定人員培訓計畫，實施製程安全、現場檢修及專業技能訓練，確保關鍵性設備保養效能，說明如下：

 機械安全

(一)基本技能訓練

內容應至少包括工具使用能力、測量技能、安全衛生知識及檢修技能等事項。

(二)現場檢修知能訓練

應使檢查、測試、維修保養人員瞭解製程概要、危害風險及緊急應變，內容應至少包括下列事項：

1.製程流程圖，並標示出需要檢修之關鍵性設備。
2.標準維修、檢測程序及關鍵檢修點相關危害敘述。
3.緊急應變措施。
4.各種警報應對措施。
5.品質保證要求。
6.其他與機械安全相關者。

(三)專業技能訓練

檢查、測試、維修保養關鍵性設備應掌握之技能。

為確保設備安全運行，以防止設備發生異常或故障等情形致引發職業災害，事業單位使維修保養相關人員接受必要之專業訓練，並建立設備標準維修程序，使從事維修工作之人員均能安全、確實執行維修工作，以確保維修保養品質符合規範及設備效能之要求，維護設備完整性或優化設備性能。

(四)上鎖掛牌教育訓練

維修作業應實施上鎖掛牌（lockout-tagout），在機械、電氣維修時防止人員誤操作常用的一種手段，通過隔離、鎖定某些危險能量源的方法以

防止人身傷害。上鎖，對已關閉的能源按一定程序進行隔離上鎖，以確保在有危險能量場所工作的相關人員無人受傷。而掛牌，則是對已關閉的能源按一定程序進行隔離上鎖的同時，進行掛牌示警告知，以確保在有危險能量場所工作的相關人員無人受傷。實施上鎖掛牌應制訂出上鎖掛牌程序，建立一個上鎖掛牌的標準示範，展示所有上鎖掛牌器具，讓所有人員都能夠熟悉並實際操作。執行上鎖掛牌程序教育訓練，包括認知教育及能力教育：

1. 認知教育：應讓所有工作者瞭解上鎖掛牌為生命上鎖的意義，作業時保護自己，也保護其他工作者與環境安全。
2. 能力教育：對於執行上鎖掛牌者，在作業中完成上鎖掛標準作業流程的教育訓練，確保執行時的安全作業。

Chapter
6

機械安全相關法規

- 職業安全衛生法
- 職業安全衛生設施規則
- 機械設備器具安全標準
- 國際標準ISO12100

　　職業安全衛生法規對機械安全有許多相關的規定，從「職業安全衛生法」到其衍生的相關法令規章，目的都是為防止工作者在勞動場所發生職業災害，事先做好防範措施才能預防事故於未然。為符合國際在機械安全的發展趨勢，我國的「職業安全衛生法」第5條明定：「機械、設備、器具、原料、材料等物件之設計、製造或輸入者，及工程之設計或施工者，應於設計、製造、輸入或施工規劃階段實施風險評估，致力防止此等物件於使用或工程施工時發生職業災害。」「職業安全衛生法」規定指定之機械設備應進行源頭管制，將原本屬於末端管理的「安全查察制」修改為源頭管制的「安全驗證制」。實施以失效安全的精神為其主要的認證依據，於設計之初即以安全設計的手法將潛在的危害源消除。國際標準組織ISO公布ISO12100:2010「機械安全—供設計用之一般原則—風險評鑑和風險降低」，該標準可保護機械操作者、幫助機械設計師和製造商降低安全危害。

第一節　職業安全衛生法

　　「職業安全衛生法」第5條：「雇主使勞工從事工作，應在合理可行範圍內，採取必要之預防設備或措施，使勞工免於發生職業災害。機械、設備、器具、原料、材料等物件之設計、製造或輸入者及工程之設計或施工者，應於設計、製造、輸入或施工規劃階段實施風險評估，致力防止此等物件於使用或工程施工時，發生職業災害。」此即所謂源頭管理的精神，機械、設備、器具如果在設計、製造之初，即能將安全理念融入其中，製造、生產出的機械不會出現危害因素，所謂的本質安全的產品，使用者就不必擔心使用過程發生危險，造成傷害，即能消彌危害於未然。
　　「職業安全衛生法」第6條：「雇主對下列事項應有符合規定之必要安全衛生設備及措施：(1)防止機械、設備或器具等引起之危害。……前二

項必要之安全衛生設備與措施之標準及規則，由中央主管機關定之。」由「職業安全衛生法」授權中央主管機關訂定機械等引起之危害，必要之安全衛生設備與措施之標準及規則。

「職業安全衛生法」第7條：「製造者、輸入者、供應者或雇主，對於中央主管機關指定之機械、設備或器具，其構造、性能及防護非符合安全標準者，不得產製運出廠場、輸入、租賃、供應或設置。……製造者或輸入者對於第一項指定之機械、設備或器具，符合前項安全標準者，應於中央主管機關指定之資訊申報網站登錄，並於其產製或輸入之產品明顯處張貼安全標示，以供識別。」在現行法規對風險較高的設備或器具已指定須符合安全標準，才能產製運出廠場、輸入、租賃、供應或設置，並應於中央主管機關指定之資訊申報網站登錄，及在其產製或輸入之產品明顯處張貼安全標示，以供識別，以確保工作場所使用指定之機械、設備或器具安全無虞。

「職業安全衛生法」第8條：「製造者或輸入者對於中央主管機關公告列入型式驗證之機械、設備或器具，非經中央主管機關認可之驗證機構實施型式驗證合格及張貼合格標章，不得產製運出廠場或輸入。」公告列入型式驗證之機械、設備或器具須實施型式驗證合格及張貼合格標章，才可產製運出廠場或輸入。中央主管機關將依勞動場所使用情況及實際需求，陸續公告相關之機械、設備或器具，實施型式驗證及張貼合格標章。

「職業安全衛生法」第9條：「製造者、輸入者、供應者或雇主，對於未經型式驗證合格之產品或型式驗證逾期者，不得使用驗證合格標章或易生混淆之類似標章揭示於產品。中央主管機關或勞動檢查機構，得對公告列入應實施型式驗證之產品，進行抽驗及市場查驗，業者不得規避、妨礙或拒絕。」對於未經型式驗證合格之產品或型式驗證逾期者，不得使用驗證合格標章，明確揭示型式驗證係有期限之要求，已取得型式驗證合格之產品，於中央主管機關修正型式驗證實施標準時，應於規定期限內依修正後之標準，申請換發型式驗證合格證明書。

「職業安全衛生法施行細則」第12條規定，「本法第七條第一項所稱中央主管機關指定之機械、設備或器具如下：(1)動力衝剪機械。(2)手推刨床。(3)木材加工用圓盤鋸。(4)動力堆高機。(5)研磨機。(6)研磨輪。(7)防爆電氣設備。(8)動力衝剪機械之光電式安全裝置。(9)手推刨床之刃部接觸預防裝置。(10)木材加工用圓盤鋸之反撥預防裝置及鋸齒接觸預防裝置。(11)其他經中央主管機關指定公告者。」

「職業安全衛生法施行細則」第13條規定，「本法第七條至第九條所稱型式驗證，指由驗證機構對某一型式之機械、設備或器具等產品，審驗符合安全標準之程序。」

🔧 第二節　職業安全衛生設施規則

「職業安全衛生設施規則」第三章機械災害之防止，第四章危險性機械、設備及器具，第五章車輛機械及第六章軌道機械為規定機械安全相關之章節。

一、機械災害之防止

第41條規定：雇主應使其具安全構造之機械、設備或器具：(1)動力衝剪機械。(2)手推刨床。(3)木材加工用圓盤鋸。(4)動力堆高機。(5)研磨機。(6)研磨輪。(7)防爆電氣設備。(8)動力衝剪機械之光電式安全裝置。(9)手推刨床之刃部接觸預防裝置。(10)木材加工用圓盤鋸之反撥預防裝置及鋸齒接觸預防裝置。(11)其他經中央主管機關指定公告者。

107年2月14日公告指定交流電焊機用自動電擊防止裝置，自107年7月1日起製造者或輸入者應將該裝置經勞動部認可之驗證機構實施型式驗證合格，以確保其符合CNS 4782電擊防止裝置國家標準，張貼型式驗證合格標

章及取得邊境管制之輸入通關證號代碼後，始能產製運出廠場或輸入國內市場。

第42條規定：雇主對於機械之設置，不得使其振動力超過廠房設計安全負荷能力；振動力過大之機械以置於樓下為原則。

第43條規定：雇主對於機械之原動機、轉軸、齒輪、帶輪、飛輪、傳動輪、傳動帶等有危害勞工之虞之部分，應有護罩、護圍、套胴、跨橋等設備。雇主對用於前項轉軸、齒輪、帶輪、飛輪等之附屬固定具，應為埋頭型或設置護罩。雇主對於傳動帶之接頭，不得使用突出之固定具。已明定機械有危害勞工之虞之部分，應設有護罩、護圍等防護設備。

第44、45、47及48條規定：雇主應於每一具機械分別設置開關、離合器、移帶裝置等動力遮斷裝置。設置之動力遮斷裝置，於緊急時能立即停止原動機或動力傳動裝置之轉動；應有易於操作且不因接觸、振動等或其他意外原因致使機械驟然開動之性能；對於使用動力運轉之機械，具有顯著危險者，應於適當位置設置有明顯標誌之緊急制動裝置，能於緊急時快速停止機械之運轉；應有防止於停止時，因振動接觸，或其他意外原因驟然開動之裝置。

第46條規定：雇主對於動力傳動裝置之軸承，應有適當之潤滑，運轉中禁止注油。避免勞工於機械運轉中注油，發生捲入之意外。

第49條規定：雇主對於傳動帶，應依下列規定裝設防護物：(1)有勞工工作或通行而有接觸危險者，應裝置適當之圍柵或護網。(2)幅寬二十公分以上，速度每分鐘五百五十公尺以上，兩軸間距離三公尺以上之架空傳動帶周邊下方，應裝設堅固適當之圍柵或護網。(3)穿過樓層之傳動帶，於穿過之洞口應設適當之圍柵或護網。

第50條規定：動力傳動裝置之轉軸，應依下列規定裝設防護物：(1)轉軸或附近有勞工接觸之危險者，應有適當之圍柵、掩蓋護網或套管。(2)勞工於通行時必須跨越轉軸者，應於跨越部分裝置適當之跨橋或掩蓋。

第51、52及53條規定：動力傳動裝置之定輪及遊輪設置，雇主應依規

定：(1)移帶裝置之把柄不得設於通道上。(2)移帶裝置之把柄，其開關方向應一律向左或向右，並加標示。(3)應有防止傳動帶自行移入定輪之裝置；未裝遊輪者，應裝置傳動帶上卸桿；傳動帶不用時應掛於適當之支架外，不得掛於動力傳動裝置之轉軸。

第54條規定：機械開始運轉有危害勞工之虞者，應規定固定信號，並指定指揮人員負責指揮。

第55條規定：加工物、切削工具、模具等因截斷、切削、鍛造或本身缺損，於加工時有飛散物致危害勞工之虞者，應於加工機械上設置護罩或護圍。但大尺寸工件等作業，應於適當位置設置護罩或護圍。

第56、57條規定：對於鑽孔機、截角機等旋轉刃具作業，勞工手指有觸及之虞者，應明確告知並標示勞工不得使用手套，避免戴手套被機械捲入造成傷害。對於機械之掃除、上油、檢查、修理或調整有導致危害勞工之虞者，應停止相關機械運轉及送料。為防止他人操作該機械之起動等裝置或誤送料，應採上鎖或設置標示等措施。機械停止運轉時，有彈簧等彈性元件、液壓、氣壓或真空蓄能等殘壓引起之危險者，應採釋壓、關斷或阻隔等適當設備或措施。

第58條規定：雇主對於：(1)紙、布、鋼纜或其他具有捲入點危險之捲胴作業機械。(2)磨床或龍門刨床之刨盤、牛頭刨床之滑板等之衝程部分。(3)直立式車床、多角車床等之突出旋轉中加工物部分。(4)帶鋸（木材加工用帶鋸除外）之鋸切所需鋸齒以外部分之鋸齒及帶輪。(5)電腦數值控制或其他自動化機械具有危險之部分，其作業有危害勞工之虞者，應設置護罩、護圍或具有連鎖性能之安全門等設備。。

第59、60條規定：對車床、滾齒機械等之高度，超過從事作業勞工之身高時，應設置供勞工能安全使用，且為適當高度之工作台。禁止勞工攀登運轉中之立式車床、龍門刨床等之床台。

第61條規定：雇主對於金屬、塑膠等加工用之圓盤鋸，應設置鋸齒接觸預防裝置。

第62條規定：雇主對於研磨機之使用應依以下規定：(1)研磨輪應採用經速率試驗（按最高使用周速度增加百分之五十為之）合格且有明確記載最高使用周速度者。(2)研磨機之使用不得超過規定最高使用周速度。(3)研磨輪使用，除該研磨輪為側用外，不得使用側面。(4)研磨機使用，應於每日作業開始前試轉一分鐘以上，研磨輪更換時應先檢驗有無裂痕，並在防護罩下試轉三分鐘以上。

第63條規定：雇主對於棉紡機、絲紡機、手紡式或其他各種機械之高速迴轉部分易發生危險者，應裝置護罩、護蓋或其他適當之安全裝置。

第63-1條規定：雇主對於使用水柱壓力達每平方公分三百五十公斤以上之高壓水切割裝置，從事沖蝕、剝離、切除、疏通及沖擊等作業，(1)應於事前依作業場所之狀況、高壓水切割裝置種類、容量等訂定安全衛生作業標準，使作業勞工周知，並指定專人指揮監督勞工依安全衛生作業標準從事作業。(2)為防止高壓水柱危害勞工，作業前應確認其停止操作時，具有立刻停止高壓水柱施放之功能。(3)禁止與作業無關人員進入作業場所。(4)於適當位置設置壓力表及能於緊急時立即遮斷動力之動力遮斷裝置。(5)作業時應緩慢升高系統操作壓力，停止作業時，應將壓力洩除。(6)提供防止高壓水柱危害之個人防護具，並使作業勞工確實使用。

第64、65條規定：雇主對於木材加工用帶鋸鋸齒（鋸切所需之部分及鋸床除外）及帶輪，應設置護罩或護圍等設備。木材加工用帶鋸之突釘型導送滾輪或鋸齒型導送滾輪，除導送面外，應設接觸預防裝置或護蓋。

第66、67條規定：雇主對於有自動輸送裝置以外之截角機，應裝置刃部接觸預防裝置。但設置接觸預防裝置有阻礙工作，且勞工使用送料工具時不在此限。禁止勞工進入自動輸材台或帶鋸輸材台與鋸齒之間，並加以標示。

第68條規定：雇主設置固定式圓盤鋸、帶鋸、手推刨床、截角機等合計五台以上時，應指定作業管理人員負責執行：(1)指揮木材加工用機械之操作。(2)檢查木材加工用機械及其安全裝置。(3)發現木材加工用機械及其

安全裝置有異時，應即採取必要之措施。(4)作業中，監視送料工具等之使用情形。

第69、70條規定：雇主對勞工從事動力衝剪機械金屬模之安裝、拆模、調整及試模時，為防止滑塊等突降之危害，應使勞工使用安全塊、安全插梢或安全開關鎖匙等之裝置。從事前項規定作業之勞工，應確實使用雇主提供之安全塊、安全插梢或安全開關鎖匙。調整衝剪機械之金屬模使滑塊等動作時，對具有寸動機構或滑塊調整裝置者，應採用寸動；未具寸動機構者，應切斷衝剪機械之動力電源，於飛輪等之旋轉停止後，用手旋動飛輪調整之。

第71條規定：雇主對於衝剪機械之下列機件或機構應保持應有之性能：(1)離合器及制動裝置。(2)附屬於離合器、制動之螺絲、彈簧及梢。(3)連結於離合器及制動之連結機構部分。(4)滑塊機構。(5)一行程一停止機構、連動停止機械或緊急停止機構。

第72條規定：雇主設置衝剪機械五台以上時，應指定作業管理人員負責執行下列職務：(1)檢查衝壓機械及其安全裝置。(2)發現衝剪機械及其安全裝置有異狀時，應即採取必要措施。(3)衝剪機械及其安全裝置裝設有鎖式換回開關時，應保管其鎖匙。(4)直接指揮金屬模之裝置、拆卸及調整作業。

第73、74、75條規定：雇主對於離心機械，應裝置覆蓋及連鎖裝置。前項連鎖裝置，應使覆蓋未完全關閉時無法起動。對於自離心機械取出內裝物時，除置有自動取出內裝物之機械外，應規定勞工操作前，應使該機械停止運轉。離心機械之使用，應規定不得超越該機械之最高使用回轉數。

第76、77條規定：為防止勞工有自粉碎機及混合機之開口部分墜落之虞，雇主應有覆蓋，護圍、高度在九十公分以上之圍柵等必要設備。但設置覆蓋、護圍或圍柵有阻礙作業，且從事該項作業之勞工佩戴安全帶或安全索以防止墜落者，不在此限。為防止由前項開口部分與可動部分之接觸

而危害勞工之虞，雇主應有護圍等之設備。自粉碎機或混合機，取出內裝物時，除置有自動取出內裝物之機械外，應規定勞工操作前，應使該機械停止運轉。

第78、79條規定：雇主對於滾輾紙、布、金屬箔等或其他具有捲入點之滾軋機，有危害勞工之虞時，應設護圍、導輪等設備。滾輾橡膠、橡膠化合物、合成樹脂之滾輾機或其他具有危害之滾輾機，應設置於災害發生時，被害者能自己易於操縱之緊急制動裝置。

第80條規定：雇主對於置有紗梭之織機，應裝置導梭。

第81條規定：雇主對於引線機之引線滑車或撚線機之籠車，有危害勞工之虞者，應設護罩、護圍等設備。

第82條規定：雇主對於射出成型機、鑄鋼造形機、打模機、橡膠加硫成型機、輪胎成型機及其他使用模具加壓成型之機械等，有危害勞工之虞者，應設置安全門，雙手操作式安全裝置、感應式安全裝置或其他安全裝置。但衝剪機械安全門，應具有非關閉狀態即無法起動機械之性能。

第83條規定：雇主對於扇風機之葉片，有危害勞工之虞者，應設護網或護圍等設備。

第84條規定：雇主於施行旋轉輪機、離心分離機等周邊速率超越每秒二十五公尺以上之高速回轉體之試驗時，為防止高速回轉體之破裂之危險，應於專用之堅固建築物內或以堅固之隔牆隔離之場所實施。但試驗次條（第85條）規定之高速回轉體以外者，其試驗設備已有堅固覆罩等足以阻擋該高速回轉體破裂引起之危害設備者，不在此限。

第85條規定：雇主於施行轉軸之重量超越一公噸，且轉軸之周邊速率在每秒一百二十公尺以上之高速回轉體之試驗時，應於事先就與該軸材質、形狀等施行非破壞檢查，確認其無破壞原因存在時始為之。高速回轉試驗時，應以遙控操作等方法控制；使試驗中即使該高速回轉體破壞時，亦不致傷及勞工。

二、危險性機械、設備及器具

第87條規定：雇主對於起重升降機具之設備及有關措施，應依起重升降機具有關安全規則辦理。

第88、89條規定：雇主對於起重機具之作業，應規定一定之運轉指揮信號，並指派專人負責辦理。對於各種起重機具，應標示最高負荷，並規定使用時不得超過此項限制。

第90、91條規定：雇主對於起重機具之吊鉤或吊具，應有防止吊舉中所吊物體脫落之裝置。為防止與吊架或捲揚胴接觸、碰撞，應有至少保持0.25公尺距離之過捲預防裝置，如為直動式過捲預防裝置者，應保持0.05公尺以上距離；並於鋼索上作顯著標示或設警報裝置，以防止過度捲揚所引起之損傷。

第92條規定：雇主對於起重機具之運轉，應於運轉時採取防止吊掛物通過人員上方及人員進入吊掛物下方之設備或措施。從事前項起重機具運轉作業時，為防止吊掛物掉落，應依下列規定辦理：(1)吊掛物使用吊耳時，吊耳設置位置及數量，應能確保吊掛物之平衡。(2)吊耳與吊掛物之結合方式，應能承受所吊物體之整體重量，使其不致脫落。(3)使用吊索（繩）、吊籃等吊掛用具或載具時，應有足夠強度。

第93條規定：雇主對於升降機之升降路各樓出入口，應裝置構造堅固平滑之門，並應有安全裝置，使升降搬器及升降路出入口之任一門開啟時，升降機不能開動，及升降機在開動中任一門開啟時，能停止上下。

第94條規定：雇主對於升降機各樓出入口及搬器內，應明顯標示其積載荷重或乘載之最高人數，並規定使用時不得超過限制。

第95條規定：雇主對於升降機之升降路各樓出入口門，應有連鎖裝置，使搬器地板與樓板相差7.5公分以上時，升降路出入口門不能開啟之。

第96條規定：雇主對於升降機，應設置終點極限開關、緊急剎車及其

他安全裝置。

第97條規定：雇主對於起重機具所使用之吊掛構件，應使其具足夠強度，使用之吊鉤或鉤環及附屬零件，其斷裂荷重與所承受之最大荷重比之安全係數，應在四以上。但相關法規另有規定者，從其規定。

第98條規定：雇主不得以下列任何一種情況之吊鏈作為起重升降機具之吊掛用具：(1)延伸長度超過5%以上者。(2)斷面直徑減少10%以上者。(3)有龜裂者。

第99條規定：雇主不得以下列任何一種情況之吊掛之鋼索作為起重升降機具之吊掛用具：(1)鋼索一撚間有10%以上素線截斷者。(2)直徑減少達公稱直徑7%以上者。(3)有顯著變形或腐蝕者。(4)已扭結者。

第100條規定：雇主不得使用已變形或已龜裂之吊鉤、鉤環、鏈環，作為起重升降機具之吊掛用具。

第101條規定：雇主不得使用下列任何一種情況之纖維索、帶，作為起重升降機具之吊掛用具：(1)已斷一股子索者。(2)有顯著之損傷或腐蝕者。

第102條規定：雇主對於吊鏈或未設環結之鋼索，其兩端非設有吊鉤、鉤環、鏈環或編結環首、壓縮環首者，不能作為起重機具之吊掛用具。

第104條規定：雇主對於鍋爐及壓力容器設備及有關措施，應依鍋爐及壓力容器有關安全規則之規定辦理。

第105條規定：雇主對於高壓氣體之製造、儲存、消費等，應依高壓氣體設備及容器有關安全規則之規定辦理。

第106條規定：雇主使用於儲存高壓氣體之容器，不論盛裝或空容器，應依下列規定辦理：(1)確知容器之用途無誤者，方得使用。(2)容器應標明所裝氣體之品名，不得任意灌裝或轉裝。(3)容器外表顏色，不得擅自變更或擦掉。(4)容器使用時應加固定。(5)容器搬動不得粗莽或使之衝擊。(6)焊接時不得在容器上試焊。(7)容器應妥善管理、整理。

第107條規定：雇主搬運儲存高壓氣體之容器，不論盛裝或空容器，應依下列規定辦理：(1)溫度保持在攝氏40度以下。(2)場內移動儘量使用專

用手推車等,務求安穩直立。(3)以手移動容器,應確知護蓋旋緊後,方直立移動。(4)容器吊起搬運不得直接用電磁鐵、吊鏈、繩子等直接吊運。(5)容器裝車或卸車,應確知護蓋旋緊後才進行,卸車時必須使用緩衝板或輪胎。(6)儘量避免與其他氣體混載,非混載不可時,應將容器之頭尾反方向置放或隔置相當間隔。(7)載運可燃性氣體時,要置備滅火器;載運毒性氣體時,要置備吸收劑、中和劑、防毒面具等。(8)盛裝容器之載運車輛,應有警戒標誌。(9)運送中遇有漏氣,應檢查漏出部位,給予適當處理。(10)搬運中發現溫度異常高昇時,應立即灑水冷卻,必要時,並應通知原製造廠協助處理。

第108條規定:雇主對於高壓氣體之貯存,應依下列規定辦理:(1)貯存場所應有適當之警戒標示,禁止煙火接近。(2)貯存周圍二公尺內不得放置有煙火及著火性、引火性物品。(3)盛裝容器和空容器應分區放置。(4)可燃性氣體、有毒性氣體及氧氣之鋼瓶,應分開貯存。(5)應安穩置放並加固定及裝妥護蓋。(6)容器應保持在攝氏40度以下。(7)貯存處應考慮於緊急時便於搬出。(8)通路面積以確保貯存處面積20%以上為原則。(9)貯存處附近,不得任意放置其他物品。(10)貯存比空氣重之氣體,應注意低窪處之通風。

第109條規定:雇主對於高壓可燃性氣體之貯存,除前條規定外,電氣設備應採用防爆型,不得帶用防爆型攜帶式電筒以外之其他燈火,並應有適當之滅火機具。

第110條規定:雇主對於毒性高壓氣體之儲存,應依下列規定辦理:(1)貯存處要置備吸收劑、中和劑及適用之防毒面罩或呼吸用防護具。(2)具有腐蝕性之毒性氣體,應充分換氣,保持通風良好。(3)不得在腐蝕化學藥品或煙囪附近貯藏。(4)預防異物之混入。

第111條規定:雇主對於毒性高壓氣體之使用,應依下列規定辦理:(1)非對該氣體有實地瞭解之人員,不准進入。(2)工作場所空氣中之毒性氣體濃度不得超過容許濃度。(3)工作場所置備充分及適用之防護具。(4)使用毒性氣體場所,應保持通風良好。

第112條規定：雇主對於高壓氣體之廢棄，應防止火災爆炸或中毒之危害。

三、車輛機械

第115條規定：雇主對於車輛機械應有足夠之馬力及強度，承受其規定之荷重；並應裝置名牌或相等之標示指出空重、載重、額定荷重等。

第116條規定：雇主對於勞動場所作業之車輛機械，應使駕駛者或有關人員負責執行下列事項：(1)除非所有人員已遠離該機械，否則不得起動。但駕駛者依規定就位者，不在此限。(2)車輛系營建機械及堆高機，除乘坐席位外，於作業時不得搭載勞工。(3)車輛系營建機械作業時，禁止人員進入操作半徑內或附近有危險之虞之場所。但駕駛者依規定就位者或另採安全措施者，不在此限。(4)應注意遠離帶電導體，以免感電。(5)應依製造廠商規定之安全度及最大使用荷重等操作。(6)禁止停放於有滑落危險之虞之斜坡。但已採用其他設備或措施者，不在此限。(7)禁止夜間停放於交通要道。(8)不得使動力系挖掘機械於鏟、鋏、吊斗等，在負載情況下行駛。(9)不得使車輛機械供為主要用途以外之用途。但使用適合該用途之裝置無危害勞工之虞者，不在此限。(10)不得使勞工搭載於堆高機之貨叉所承載貨物之托板、撬板及其他堆高機（乘坐席以外）部分。但停止行駛之堆高機，已採取防止勞工墜落設備或措施者，不在此限。(11)駕駛者離開其位置時，應將吊斗等作業裝置置於地面，並將原動機熄火、制動，並安置煞車等，防止該機械逸走。(12)堆高機於駕駛者離開其位置時，應採將貨叉等放置於地面，並將原動機熄火、制動。(13)車輛及堆高機之修理或附屬裝置之安裝、拆卸等作業時，於機臂、突樑、升降台及車台，應使用安全支柱、絞車等防止物體飛落之設施。(14)使用座式操作之配衡型堆高機及側舉型堆高機，應使擔任駕駛之勞工確實使用駕駛座安全帶。但駕駛座配置有車輛傾倒時，防止駕駛者被堆高機壓傷之護欄或其他防護設施者，不在此限。

(15)車輛機械之作業或移動,有撞擊工作者之虞時,應置管制引導人員。

第117條規定:雇主對於最大速率超過每小時10公里之車輛系營建機械,應於事前依相關作業場所之地質、地形等狀況,規定車輛行駛速率,並使勞工依該速率進行作業。

第119條規定:雇主對使用於作業場所之車輛系營建機械者,應依下列規定辦理:(1)其駕駛棚須有良好視線,適當之通風,容易上下車;裝有擋風玻璃及窗戶者,其材料須由透明物質製造,並於破裂時,不致產生尖銳碎片。擋風玻璃上應置有動力雨刮器。(2)應裝置前照燈具。但使用於已設置有作業安全所必要照明設備場所者,不在此限。(3)應設置堅固頂蓬,以防止物體掉落之危害。

第120條規定:雇主對於車輛系營建機械,如作業時有因該機械翻落、表土崩塌等危害勞工之虞者,應於事先調查該作業場所之地質、地形狀況等,適當決定下列事項或採必要措施,並將行經路線及作業方法告知作業勞工:(1)所使用車輛系營建機械之種類及性能。(2)車輛系營建機械之行經路線。(3)車輛系營建機械之作業方法。(4)整理工作場所以預防該等機械之翻倒、翻落。

第121條規定:雇主對於車輛系營建機械之修理或附屬裝置之安裝、拆卸等作業時,應就該作業指定專人負責下列措施:(1)決定作業順序並指揮作業。(2)監視於機臂,突樑下作業之勞工所使用安全支柱、絞車等之狀況。

第122條規定:雇主採自行行駛或以牽引拖曳將之裝卸於貨車等方式,運送車輛系營建機械時,如使用道板、填土等方式裝卸於車輛,為防止該車輛系營建機械之翻倒、翻落等危害,應採取下列措施:(1)裝卸時選擇於平坦堅固地點為之。(2)使用道板時,應使用具有足夠長度、寬度及強度之道板,且應穩固固定該道板於適當之斜度。(3)使用填土或臨時架台時,應確認具有足夠寬度、強度,並保持適當之斜度。

第124條規定:雇主對於堆高機非置備有後扶架者,不得使用。但將桅

桿後傾之際，雖有貨物之掉落亦不致危害勞工者，不在此限。

　　第125條規定：雇主使用堆高機之托板或撬板時，應依下列規定：(1)具有充分能承受積載之貨物重量之強度。(2)無顯著之損傷、變形或腐蝕者。

　　第126條規定：雇主對於荷重在1公噸以上之堆高機，應指派經特殊作業安全衛生教育訓練人員操作。

　　第127條規定：雇主對於堆高機之操作，不得超過該機械所能承受之最大荷重，且其載運之貨物應保持穩固狀態，防止翻倒。

　　第128條規定：雇主於危險物存在場所使用堆高機時，應有必要之安全衛生設備措施。

　　第128-1條規定：雇主對於使用高空工作車之作業，應依下列事項辦理：(1)除行駛於道路上外，應於事前依作業場所之狀況、高空工作車之種類、容量等訂定包括作業方法之作業計畫，使作業勞工周知，並指定專人指揮監督勞工依計畫從事作業。(2)除行駛於道路上外，為防止高空工作車之翻倒或翻落，危害勞工，應將其外伸撐座完全伸出，並採取防止地盤不均勻沉陷、路肩崩塌等必要措施。但具有多段伸出之外伸撐座者，得依原廠設計之允許外伸長度作業。(3)在工作台以外之處所操作工作台時，為使操作者與工作台上之勞工間之連絡正確，應規定統一之指揮信號，並指定人員依該信號從事指揮作業等必要措施。(4)不得搭載勞工。但設有乘坐席位及工作台者，不在此限。(5)不得超過高空工作車之積載荷重及能力。(6)不得使高空工作車為主要用途以外之用途。但無危害勞工之虞者，不在此限。(7)使用高空工作車從事作業時，雇主應使該高空工作車工作台上之勞工佩戴安全帶。

　　第128-2條規定：雇主對於高空工作車之駕駛於離開駕駛座時，應使駕駛採取下列措施。但有勞工在工作台從事作業或將從事作業時，不在此限：(1)將工作台下降至最低位置。(2)採取預防高空工作車逸走之措施，如停止原動機並確實使用制動裝置制動等，以保持於穩定狀態。勞工在工作台從事作業或將從事作業時，前項駕駛離開駕駛座，雇主應使駕駛確實使

用制動裝置制動等，以保持高空工作車於穩定狀態。

第128-3條規定：雇主採自行行駛或以牽引拖曳將之裝卸於貨車等方式，運送高空工作車時，如使用道板或利用填土等方式裝卸於車輛，為防止該高空工作車之翻倒或翻落等危害，應採取下列措施：(1)裝卸時選擇於平坦堅固地點為之。(2)使用道板時，應使用具有足夠長度、寬度及強度之道板，且應穩固固定該道板於適當之斜度。(3)使用填土或臨時架台時，應確認具有足夠寬度、強度，並保持適當之斜度。

第128-4條規定：雇主使勞工從事高空工作車之修理、工作台之裝設或拆卸作業時，應指定專人監督該項作業，並執行下列事項：(1)決定作業步驟並指揮作業。(2)監視作業中安全支柱、安全塊之使用狀況。

第128-5條規定：雇主使勞工於高空工作車升起之伸臂等下方從事修理、檢點等作業時，應使從事該作業勞工使用安全支柱、安全塊等，以防止伸臂等之意外落下致危害勞工。

第128-6條規定：高空工作車行駛時，除有工作台可操作行駛構造之高空工作車外，雇主不得使勞工搭載於該高空工作車之工作台上。但使該高空工作車行駛於平坦堅固之場所，並採取下列措施時，不在此限：(1)規定一定之信號，並指定引導人員，依該信號引導高空工作車。(2)於作業前，事先視作業時該高空工作車工作台之高度及伸臂長度等，規定適當之速率，並使駕駛人員依該規定速率行駛。

第128-7條規定：高空工作車有工作台可操作行駛之構造者，於平坦堅固之場所以外之場所行駛時，雇主應採取下列措施：(1)規定一定之信號，並指定引導人員，依該信號引導高空工作車。(2)於作業前，事先視作業時該高空工作車工作台之高度及伸臂長度、作業場所之地形及地盤之狀態等，規定適當之速率，並使駕駛人員依該規定速率行駛。

第128-8條規定：高空工作車之構造，應符合國家標準CNS 14965、CNS 16368、CNS 16653系列、CNS18893、國際標準ISO16368、ISO16653系列、ISO18893或與其同等之標準相關規定。

四、軌道機械

　　第129條規定：雇主對於軌道機械，應設有適當信號裝置，並於事先通知有關勞工週知。

　　第130條規定：雇主對於連結軌道機械車輛時，應使用適當連結裝置。

　　第131條規定：雇主對於動力車鋼軌之每公尺重量，應依下列規定：

表6-1

車輛重量	鋼軌每公尺重量	備註
未滿5公噸	9公斤以上	以兩軸車輛為準
5至未滿10公噸	12公斤以上	
10至未滿15公噸	15公斤以上	
15公噸以上	22公斤以上	

　　第132條規定：雇主對於動力車鋼軌之舖設，應依下列規定：(1)鋼軌接頭，應使用魚尾板或採取熔接固定。(2)舖設鋼軌，應使用道釘、金屬固定具等將鋼軌固定於枕木或水泥路基上。(3)軌道之坡度應保持在50‰以下。但動力車備有自動空氣煞車之軌道得放寬65‰以下。枕木，如置於不易更換之場所，應為具有耐腐蝕性者。

　　第133條規定：雇主對於動力車軌道路基，如車輛在5公噸以上者，其除應由礫石、碎石等構成外，並應有充分之保固，與良好排水系統。對於前項以外之軌道路基，應注意鋼軌舖設、車輛行駛安全狀況。

　　第134條規定：雇主對於動力車軌道之曲線部分，應依下列規定：(1)曲率半徑應在10公尺以上。(2)保持適度之軌道超高及加寬。(3)裝置適當之護軌。

　　第135條規定：雇主對於動力車軌道岔道部分，應設置具有充分效能之轉轍器及轍鎖；軌道之終端應設置充分效能之擋車裝置。

　　第136條規定：雇主對於車輛於軌道上有滑走之虞時，應設置防止滑走之裝置。

第137條規定：雇主對於隧道坑井內部裝置軌道時，其側壁與行走之車輛，應保持60公分以上淨距。但有下列情形之一者，不在此限：(1)於適當之間隔，設置有相當寬度之避車設備並有顯明標示者。(2)設置信號裝置或配置監視人員者。

第138條規定：雇主對於手推車輛之軌道，應依下列規定：(1)軌道之曲率半徑應在5公尺以上。(2)傾斜應在1/15以下。(3)鋼軌每公尺重量應在6公斤以上。(4)置直徑9公分以上之枕木並以適當間隔配置。(5)鋼軌接頭應使用魚尾板或採取熔接等固定。

第139條規定：雇主對於軌道沿線，應依下列規定採取措施：(1)軌道兩旁之危險立木，應予清除。(2)軌道之上方及兩旁與鄰近之建築物應留有適當之距離。(3)軌道附近不得任意堆放物品，邊坑上不得有危石。(4)橋樑過長時，應設置平台等。(5)工作人員經常出入之橋樑，應另行設置行人安全道。

第140條規定：雇主對於軌道沿線環境，應依下列規定實施保養：(1)清除路肩及橋樑附近之叢草。(2)清除妨害視距之草木。(3)維護橋樑及隧道支架結構之良好。(4)清掃坍方。(5)清掃邊坡危石。(6)維護鋼軌接頭及道釘之完整。(7)維護路線號誌及標示之狀況良好。(8)維護軌距狀況良好。(9)維護排水系統良好。(10)維護枕木狀況良好。

第141條規定：雇主對行駛於軌道之動力車，應依下列規定：(1)設置汽笛、警鈴等信號裝備。(2)於夜間或地下使用者，應設置前照燈及駕駛室之照明設備。(3)使用內燃機者，應設置標示潤滑油壓力之指示器。(4)使用電動機者，應置備自動遮斷器，其為高架式者，並應增置避雷器等。

第142條規定：雇主對行駛於軌道之動力車車輪，應依下列規定：(1)車輪之踏面寬度於輪緣最大磨耗狀態下，仍能通過最大軌間。(2)輪緣之厚度於最大磨耗狀態下，仍具有充分強度且不阻礙通過岔道。(3)輪緣應保持不脫軌以上之高度，且不致觸及魚尾板。

第143條規定：雇主對行駛於軌道之載人車輛，應依下列規定：(1)以設

置載人專車爲原則。(2)應設置人員能安全乘坐之座位及供站立時扶持之把手等。(3)應設置上下車門及安全門。(4)應有限制乘坐之人員數標示。(5)應有防止人員於乘坐或站立時摔落之防護設施。(6)凡藉捲揚裝置捲揚使用於傾斜軌道之車輛，應設搭乘人員與捲揚機操作者連繫之設備。(7)使用於傾斜度超過30度之軌道者，應設有預防脫軌之裝置。(8)爲防止因鋼索斷裂及超速危險，應設置緊急停車裝置。(9)使用於傾斜軌道者，其車輛間及車輛與鋼索套頭間，除應設置有效之鏈及鏈環外，爲防止其斷裂，致車輛脫走之危險，應另設置輔助之鏈及鏈環。

　　第144條規定：雇主對行駛於軌道之車輛，應依下列規定：(1)車輛與車輛之連結，應有確實之連接裝置。(2)凡藉捲揚裝置行駛之車輛，其捲揚鋼索之斷裂荷重之值與所承受最大荷重比之安全係數，載貨者應在6以上，載人者應在10以上。

　　第145條規定：雇主對行駛於軌道之動力車，應設置手煞車，10公噸以上者，應增設動力煞車。

　　第146條規定：雇主對於軌道車輛施予煞車制輪之壓力與制動車輪施予軌道壓力之比，在動力煞車者應爲50%以上，75%以下；手煞車者應爲20%以上。

　　第147條規定：雇主對行駛於軌道之動力車駕駛座，應依下列規定：(1)應具備使駕駛者能安全駕駛之良好視野之構造。(2)爲防止駕駛者之跌落，應設置護圍等。

　　第148條規定：雇主對於軌道車輛之行駛，應依鋼軌、軌距、傾斜、曲率半徑等決定速率限制，並規定駕駛者遵守之。

　　第149條規定：雇主對於駕駛動力車者，應規定其離開駕駛位置時，應採取煞車等措施，以防止車輛逸走；對於操作捲揚裝置者，應規定其於操作時，不得離開操作位置。

　　第150條規定：雇主對於勞工使用軌道手推車輛，應規定其遵守下列事項：(1)車輛於上坡或水平行駛時，應保持6公尺以上之間距，於下坡行駛

時，應保持20公尺以上之間距。(2)車輛速率於下坡時，不得超過每小時15公里。

第151條規定：雇主對於傾斜在10‰以上之軌道區使用之手推車，應設置有效之煞車。

第三節　機械設備器具安全標準

第1條說明本標準之法源依據，違反本標準規定即以違反母法（職業安全衛生法）之罰則論處。

第2條規定本標準適用之機械、設備或器具：動力衝剪機械、手推刨床、木材加工用圓盤鋸、動力堆高機、研磨機、研磨輪、防爆電氣設備、動力衝剪機械之光電式安全裝置、手推刨床之刃部接觸預防裝置、木材加工用圓盤鋸之反撥預防裝置及鋸齒接觸預防裝置、其他經中央主管機關指定公告者。

第3條名詞定義：

1. 快速停止機構：指衝剪機械檢出危險或異常時，能自動停止滑塊、刀具或撞錘（以下簡稱滑塊等）動作之機構。
2. 緊急停止裝置：指衝剪機械發生危險或異常時，以人為操作而使滑塊等動作緊急停止之裝置。
3. 可動式接觸預防裝置：指手推刨床之覆蓋可隨加工材之進給而自動開閉之刃部接觸預防裝置。

第4條規定：以動力驅動之衝壓機械及剪斷機械（簡稱衝剪機械），應具有安全護圍、安全模、特定用途之專用衝剪機械或自動衝剪機械。衝剪機械之原動機、齒輪、轉軸、傳動輪、傳動帶及其他構件，有引起危害之虞者，應設置護罩、護圍、套胴、圍柵、護網、遮板或其他防止接觸危險

點之適當防護物。

　　第5條規定：安全護圍等應具有防止身體之一部介入滑塊等動作範圍之危險界限之性能，並符合下列規定：(1)安全護圍：具有使手指不致通過該護圍或自外側觸及危險界限之構造。(2)安全模：各構件間之間隙應在8毫米以下。(3)特定用途之專用衝剪機械：具有不致使身體介入危險界限之構造。(4)自動衝剪機械：具有可自動輸送材料、加工及排出成品之構造。

　　第6條規定：衝剪機械之安全裝置，應具有下列機能之一：(1)連鎖防護式安全裝置。(2)雙手操作式安全裝置。(3)感應式安全裝置。(4)拉開式或掃除式安全裝置。

　　第7條規定：衝剪機械之安全裝置，應符合下列規定：(1)具有適應各該衝剪機械之種類、衝剪能力、每分鐘行程數、行程長度及作業方法之性能。(2)雙手操作式安全裝置及感應式安全裝置，具有適應各該衝剪機械之停止性能。

　　第8條規定：雙手操作式安全裝置或感應式安全裝置之停止性能，其作動滑塊等之操作部至危險界限間，或其感應域至危險界限間之距離，應分別超過下列計算之值：

　　1.安全一行程雙手操作式安全裝置：

　　$D=1.6(Tl+Ts)$

　　式中

　　D：安全距離，以毫米表示。

　　Tl：手指離開安全一行程雙手操作式安全裝置之操作部至快速停止機構開始動作之時間，以毫秒表示。

　　Ts：快速停止機構開始動作至滑塊等停止之時間，以毫秒表示。

　　2.雙手起動式安全裝置：

　　$D=1.6Tm$

　　D：安全距離，以毫米表示。

　　Tm：手指離開操作部至滑塊等抵達下死點之最大時間，以毫秒表

示，並以下列公式計算：

$$Tm = \left(\frac{1}{2} + \frac{1}{\text{離合器之嚙合處之數目}} \right) \times \text{曲柄軸旋轉一周所需時間}$$

3.光電式安全裝置：

$D = 1.6 \, (Tl + Ts) + C$

D：安全距離，以毫米表示。

Tl：手指介入光電式安全裝置之感應域至快速停止機構開始動作之時間，以毫秒表示。

Ts：快速停止機構開始動作至滑塊等停止之時間，以毫秒表示。

C：追加距離，以毫米表示，並採下表所列數值：

表6-2

連續遮光幅：毫米追加距離	C：毫米
30以下	0
超過30，35以下	200
超過35，45以下	300
超過45，50以下	400

連續遮光幅：指光電安全裝置在投光器與受光器之間的有效距離範圍內的任意位置上，以一定直徑之遮光棒由上而下或由下而上移動時，在有效防護高度之間恆有一光軸備遮斷時的遮光棒最小直徑。亦即光電安全裝置之解析度。

第9條規定：連鎖防護式安全裝置應符合下列規定：(1)除寸動時外，具有防護裝置未閉合前，滑塊等無法閉合動作之構造及於滑塊等閉合動作中，防護裝置無法開啟之構造。(2)滑塊等之動作用極限開關，具有防止身體、材料及其他防護裝置以外物件接觸之措置。

第10條規定：雙手操作式安全裝置應符合下列規定：(1)具有安全一行程式安全裝置。(2)當手離開操作部，有達到危險界限之虞時，具有使滑塊等停止動作之構造。(3)在手指抵達危險界限前，具有該滑塊等可達下死點

之構造。(4)具有其左右手之動作時間差非在0.5秒以內,滑塊等無法動作之構造。(5)手未離開一行程操作部時,備有無法再起動操作之構造。(6)其一按鈕之外側與其他按鈕之外側,至少距離300毫米以上。(7)按鈕採用按鈕盒安裝者,該按鈕不得凸出按鈕盒表面。(8)按鈕內建於衝剪機械本體者,該按鈕不得凸出衝剪機械表面。

第11條規定:感應式安全裝置,應為光電式安全裝置、具起動控制功能之光電式安全裝置、雷射感應式安全裝置或其他具有同等感應性能以上之安全裝置。

第12條規定:光電式安全裝置應符合下列規定:(1)衝剪機械之光電式安全裝置,應具有身體之一部將光線遮斷時能檢出,並使滑塊等停止動作之構造。(2)衝壓機械之光電式安全裝置,其投光器及受光器須有在滑塊等動作中防止危險之必要長度範圍有效作動,且須能跨越在滑塊等調節量及行程長度之合計長度。(3)投光器及受光器之光軸數須具二個以上,且將遮光棒放在前款之防護高度範圍內之任意位置時,檢出機構能感應遮光棒之最小直徑在50毫米以下。但具起動控制功能之光電式安全裝置,其連續遮光幅為30毫米以下。(4)剪斷機械之光電式安全裝置,其投光器及受光器之光軸,從剪斷機械之桌面起算之高度,應為該光軸所含鉛直面和危險界限之水平距離之0.67倍以下。(5)投光器及受光器,其光軸所含鉛直面與危險界限之水平距離超過270毫米時,該光軸及刀具間須設有一個以上之光軸。(6)衝剪機械之光電式安全裝置之構造,自投光器照射之光線,僅能達到其對應之受光器或反射器,且受光器不受其對應之投光器或反射器以外之其他光線感應。

第12-1條規定:具有光電式安全裝置之衝剪機械,其檢出機構之光軸與台盤前端之距離,有足使身體之一部侵入之虞者,應設置防止侵入之安全圍柵或中間光軸等設施。

第12-2條規定:置有材料送給裝置之衝壓機械,安裝之光電式安全裝置,其投光器及受光器符合下列各款規定者,得具使該送料裝置之檢知機

能無效化之構造，不受第12條(2)規定之限制：(1)檢知機能無效化之切換，須使用鑰匙或軟體等其他方式，且設定於每一光軸。(2)送料裝置變更時，具有非再操作前款檢知機能無效化之設定，滑塊等無法動作之構造。(3)使檢知機能無效化之送料裝置拆除時，具有立即恢復投光器及受光器在防止滑塊等作動致生危險所必要長度範圍內有效作動之構造。

第12-3條規定：具起動控制功能之光電式安全裝置，應具有身體之一部將光線遮斷時能檢出，並使滑塊等停止動作之構造。衝剪機械使用具起動控制功能之光電式安全裝置者，應符合下列規定：(1)台盤之水平面須距離地面750毫米以上。但台盤面至投光器及受光器下端間設有安全圍柵者，不在此限。(2)台盤深度須在1,000毫米以下。(3)衝程在600毫米以下。但衝剪機械已設安全圍柵等，且投光器及受光器之防護高度在600毫米下以者，不在此限。(4)曲軸衝床之過定點停止監視裝置之停止點設定，須在15度以內。

具起動控制功能之光電式安全裝置，其投光器及受光器，應具不易拆卸或變更安裝位置之構造。使用具起動控制功能之光電式安全裝置，應能防止滑塊等意外動作，且應符合下列規定：(1)具起動控制功能之光電式安全裝置之構造，須使用鑰匙選擇其危險防止之機能。(2)使滑塊等作動前，須具起動準備必要操作之構造。(3)在30秒內未完成滑塊等作動者，須具重新執行前款所定起動之準備作業之構造。

具起動控制功能之光電式安全裝置準用第8條及第12條之規定。但第8條所定光電式安全裝置安全距離之追加距離之值，縮減如下表：

表6-3

連續遮光幅：毫米	追加距離C：毫米
14以下	0
超過14，20以下	80
超過20，30以下	130

第12-4條規定：摺床用雷射感應式安全裝置，應具有下列性能：(1)具有檢出機構，且於身體有被夾之虞者，遇身體之一部將光線遮斷時能檢出，並使滑塊等停止作動之構造。(2)滑塊等在閉合動作中，檢知身體之一部或加工物遮斷光線，或滑塊等到達設定位置仍須使滑塊等繼續動作者，具有能將滑塊等之移動速度降為每秒10毫米以下（以下簡稱低閉合速度）之構造。雷射感應式安全裝置，適用於符合下列規定之摺床：(1)滑塊等在閉合動作時，具有可將滑塊等之速度調至低閉合速度之構造。(2)使滑塊等在低閉合速度動作時，具有非在操作部操控，無法作動滑塊等之構造。

摺床用雷射感應式安全裝置之檢出機構，應具有下列性能：(1)投光器及受光器須設置在能檢知身體之一部可能受滑塊等夾壓之位置；摺床採滑塊等下降動作者，其檢出機構具有與滑塊等動作連動之構造。(2)滑塊等在閉合動作中，且在低閉合速度時，具有得使檢知機能無效化之構造。

第13條規定：拉開式安全裝置應符合下列規定：(1)設有牽引帶者，其牽引量須能調節，且牽引量為盤床深度1/2以上。(2)牽引帶之材料為合成纖維；其直徑為4毫米以上；已安裝調節配件者，其切斷荷重為150公斤以上。(3)肘節傳送帶之材料為皮革或其他同等材質之材料；且其牽引帶之連接部能耐50公斤以上之靜荷重。

第14條規定：掃除式安全裝置應符合下列規定：(1)具有掃臂長度及振幅能調節之構造。(2)掃臂設置當滑塊等動作中能確保手部安全之防護板。(3)前款防護板之尺寸如下：①寬度：在金屬模寬度1/2以上。但金屬模寬度在200毫米以下者，其防護板寬度為100毫米。②高度：在行程長度以上。但行程長度超過300毫米者，其防護板高度為300毫米。③掃臂振幅：在金屬模寬度以上。(4)掃臂及防護板具有與手部或人體其他部位接觸時能緩和衝擊之性能。

第14-1條規定：衝壓機械非符合下列所定規格者，不得設置掃除式安全裝置：(1)構造屬使用確動式離合器者，且操作滑塊等起動之操作部，須用雙手為之。(2)行程長度須在40毫米以上，且在防護板寬度以下。(3)每分

機械安全

鐘行程數須在120以下。

衝壓機械採腳踏式快速停止機構者，不得使用掃除式安全裝置。但併用第6條第1款至第3款所定安全裝置之一者，不在此限。

第15條規定：衝剪機械之安全裝置，其機械零件、電氣零件、鋼索、切換開關及其他零配件，應符合下列規定：(1)本體、連接環、構材、控制桿及其他主要機械零件，具有充分之強度。(2)承受作用力之金屬零配件：①材料符合國家標準CNS 3828「機械構造用碳鋼鋼料」規定之S45C規格之鋼材或具有同等以上之機械性能。②金屬零配件承受作用力之部分，其表面實施淬火或回火，且其硬度值為洛氏 C 硬度值45以上50以下。(3)鋼索：①符合國家標準CNS 10000「機械控制用鋼纜」規定之規格或具有同等以上之機械性能。②滑塊、控制桿及其他類似機件使用之鋼索，須以線夾、夾鉗等緊結具確實安裝。(4)安全裝置使用之螺栓、螺帽等，有因鬆弛致該安全裝置發生誤動作或零配件脫落之虞者，具有防止鬆脫之性能；對絞鏈部所用之銷等，具有防止脫落之性能。(5)繼電器、極限開關及其他主要電氣零件，具有充分之強度及耐久性，以確保安全裝置之機能。(6)具有電氣回路者，設置能顯示該安全裝置之動作、繼電器開閉不良及其他電氣回路故障之指示燈。(7)繼電器、電晶體、電容器、電阻等電氣零件安裝部分，具有防振性能。(8)電氣回路於該安全裝置之繼電器、極限開關等電氣零件故障，或停電時，具有使滑塊等不致發生意外動作之性能。(9)操作用電氣回路之電壓，在160伏特以下。(10)外部電線符合國家標準CNS 6556「600V聚氯乙烯絕緣及被覆輕便電纜」規格或具有同等以上之絕緣效力、耐油性、強度及耐久性。(11)切換開關：①以按鍵切換者，具有使該按鍵分別選取切換位置之裝置。②具有確實保持各自切換位置之裝置。③於各自切換位置，具有安全裝置狀態之明顯標示。

第16條規定：衝剪機械具有下列切換開關之一者，在任何切換狀態，均應有符合第4條所定之安全機能：(1)具有連續行程、一行程、安全一行程或寸動行程等之行程切換開關。(2)雙手操作更換為單手操作，或將雙手操

作更換為腳踏式操作之操作切換開關。(3)將複數操作台更換為單數操作台之操作台數切換開關。(4)安全裝置之動作置於「開」、「關」用之安全裝置切換開關。

第17條規定：衝壓機械之行程切換開關及操作切換開關，應符合下列規定：(1)須以鑰匙進行切換者，鑰匙在任何切換位置均可拔出。但有下列情形之一者，不在此限：①衝壓機械在任何切換狀態，具有第6條第1款至第3款所定安全機能之一。②切換開關之操作，採密碼設定。③切換開關具有其他同等安全管制之功能。(2)能確實保持在各自切換位置。(3)明顯標示所有行程種類及操作方法。

第18條規定：衝壓機械應具有一行程一停止機構。

第18-1條規定：伺服衝壓機械使用伺服系統為滑塊等之減速或停止者，其伺服系統之機能故障時，應具有可停止滑塊等作動之制動裝置之構造。伺服衝壓機械遇前項之制動發生異常時，滑塊等應停止動作，且具有操控再起動操作亦無法使滑塊等起動之構造。伺服衝壓機械使用皮帶或鏈條驅動滑塊等作動者，具有可防止皮帶或鏈條破損引發危險之構造。

第19條規定：衝壓機械應具有快速停止機構。但有下列情形之一者，不在此限：(1)使用確動式離合器。(2)具有不致使身體介入危險界限之構造。(3)具有滑塊等在動作中，能使身體之一部不致介入危險界限之虞之構造。衝壓機械應具有在快速停止機構作動後，未再起動操作時，無法使滑塊等動作之構造。

第20條規定：具有快速停止機構之衝壓機械，應備有緊急情況發生時，能由人為操作而使滑塊等立即停止動作之緊急停止裝置。衝壓機械應具有在緊急停止裝置作動後，未使滑塊等返回最初起動狀態之位置時，無法使滑塊等動作之構造。

第21條規定：衝壓機械緊急停止裝置之操作部，應符合下列規定：(1)紅色之凸出型按鈕或其他簡易操作、可明顯辨識及迅速有效之人為操作裝置。(2)設置於各操作區。(3)有側壁之直壁式衝壓機械及其他類似機型，

其台身兩側之最大距離超過1800毫米者，分別設置於該側壁之正面及背面處。

第22條規定：具有快速停止機構之衝壓機械，應備有寸動機構。

第23條規定：衝壓機械應具有防止滑塊等意外下降之安全擋塊或固定滑塊之裝置，且備有在使用安全擋塊或固定裝置時，滑塊等無法動作之連鎖機構。但下列衝壓機械使用安全擋塊或固定裝置有困難者，得使用安全插栓、安全鎖或其他具有同等安全功能之裝置：(1)摺床。(2)摺床以外之機械衝床，其台盤各邊長度未滿1,500毫米或模高未滿700毫米。前項但書規定之安全插栓及安全鎖，應符合下列規定：(1)安全插栓：配置於衝壓機械之每一操作區。(2)安全鎖：具有能遮斷衝壓機械主電動機電源之性能。第一項安全擋塊或滑塊固定裝置，應具有支持滑塊及上模重量之強度。

第24條規定：衝剪機械之操作部，應具有下列之構造：(1)防止誤觸致滑塊等非預期起動者。(2)未進行操作，無法使滑塊等動作者。前項衝剪機械具模式切換及連續行程者，應具有防止因模式切換操作錯誤致滑塊等動作之機制或構造。

第25條規定：衝壓機械之電氣系統，應符合下列規定：(1)設置能顯示運轉狀態之指示燈或其他具有同等指示功能之裝置。(2)繼電器、電晶體、電容器、電阻等電氣零件之安裝部分，或控制盤、操作盤與衝壓機械本體之安裝部分，具有防振性能。(3)主電動機之驅動用電氣回路，具有停電後恢復供電時，未重新起動操作，主電動機無法驅動之回路。但具有不致使身體介入危險界限之構造者，不在此限。(4)控制用電氣回路及操作用電氣回路，具有繼電器、極限開關等電氣零件故障、電壓下降或停電時，不致發生滑塊等意外動作之性能。但具有不致使身體介入危險界限之構造者，不在此限。(5)操作用電氣回路之電壓，在160伏特以下。(6)外部電線具有符合國家標準CNS 6556之「600V 聚氯乙烯絕緣及被覆輕便電纜」規定之規格或具有同等以上之絕緣效力、耐油性、強度及耐久性。

第26條規定：衝壓機械之機械系統使用之彈簧、螺栓、螺帽、襯套及

插銷等，應符合下列規定：(1)彈簧有因破損、脫落而導致滑塊等意外動作之虞者，採用壓縮型彈簧，並採用桿、管等引導之。(2)螺栓、螺帽、襯套或其他零件有因鬆動而導致滑塊等意外動作或零件脫落之虞者，具有防止鬆脫之性能。(3)插銷有因脫落而導致滑塊等意外動作或零件脫落之虞者，具有防止脫落之性能。

　　第27條規定：機械衝床之離合器，應具有在嚙合狀態而滑塊等停止時，其主電動機無法驅動之構造。但機械衝床具有不致使身體介入危險界限之構造者，不在此限。

　　第28條規定：置有滑動銷或滾動鍵之離合器之機械衝床，其行程數不得超過**表6-4**所定之數值。

表6-4

機械衝床種類	壓力能力 （單位：噸）	行程數 （單位：每分鐘行程數）
附滑動銷離合器之衝床	20以下	150
	超過20 30以下	120
	超過30 50以下	100
	超過50	50
附滾動鍵離合器之衝床	20以下	300
	超過20 30以下	220
	超過30 50以下	150
	超過50	100

第29條規定：置有滑動銷或滾動鍵之離合器之機械衝床，其離合器之材料，應符合**表6-5**所定國家標準之規格或具有同等以上之機械性質。

表6-5

機械衝床種類	離合器之構成部分	材料
附滑動銷離合之衝床	離合器滑動銷	符合國家標準CNS3230「機械構造用鎳鉻鋼鋼料」之鋼材
	離合器動作用凸輪	符合國籍家標準CNS2964「碳工具鋼鋼料」所定之四號或五號規格之鋼材，或符合國家標準CNS3229「機械構造用鉻鉬鋼鋼料」之鋼材
	離合器滑動銷擋塊	符合國家標準CNS2965「合金工具鋼鋼料」所定之SKS 44規格之鋼材 或符合國家標準CNS3229「機械構造用鉻鉬鋼鋼料」之鋼材
附滾動鍵離合器之衝床	內側離合器環	符合國家標準CNS3230「機械構造用鎳鉻鋼鋼」之鋼材，或符合國家標準CNS3828「機械構造用碳鋼鋼料」所定之S40C、S43C或S45C規格之鋼材
	中央離合器環	符合國家標準CNS3230「機械構造用鎳鉻鋼鋼料」之鋼材
	外側離合器環	符合家標準CNS3828「機械構造用碳鋼鋼料」所定之S40C、S43C或S45C規格之鋼材
	滾動鍵、離合器動作用凸輪及離合器嚙合分離用金屬配件	符合國家標準CNS2965「合金工具鋼鋼料」所定之SKS44規格之鋼材

第30條規定：置有滑動銷或滾動鍵之離合器之機械衝床，其離合器之熱處理方法及表面硬度值，依機械衝床種類及離合器構成部分，應符合**表6-6**之規定。

表6-6

機械衝床種類	離合器構成部分	熱處理	表面硬度值（洛氏C硬度值）
附滑動銷離合器之衝床	離合器滑動銷	淬火、回火	52以上 56以下
	離合器作動用凸輪	碳工具鋼在接觸部進行淬火、回火；鉻鉬鋼、滲碳後再進行淬火、回火	52以上 56以下
	離合器滑動銷檔塊	合金工具鋼，淬火、回火；鉻鉬鋼，滲碳後再進行淬火、回火	54以上 58以下
附滾動鍵離合器之衝床	內側離合器環	淬火、回火	22以上 25以下
	中央離合器環	滲碳後再進行淬火、回火	52以上 56以下
	外側離合器環	淬火、回火	22以上 25以下
	滾動鍵	淬火、回火	54以上 58以下
	離合器作動用凸輪	淬火、回火	42以上 45以下
	離合器嚙合分離用金屬配件中、接觸離合器作動用凸輪之部分	淬火、回火	42以上 45以下

　　第31條規定：機械衝床之離合器藉由氣壓作動者，應具有彈簧脫離式構造或具同等以上安全功能之構造。

　　第32條規定：置有滑動銷之離合器之機械衝床，其離合器應具有在離合器作動用凸輪未超過壓回離合器滑動銷範圍前，能停止曲軸旋轉之擋塊。前項離合器使用之托架，應具有固定位置用之定位銷。離合器之作動用凸輪，應具有不作動即無法壓回之構造。離合器之作動用凸輪之安裝

部，應具有足以承受該凸輪所生衝擊之強度。

第33條規定：機械式摺床之離合器，應使用摩擦式離合器。

第34條規定：置有曲軸等偏心機構之機械衝床（以下稱曲軸衝床），其制動裝置應具有制動面不受油脂類侵入之構造。但採濕式制動者，不在此限。

第35條規定：曲軸衝床之制動裝置藉由氣壓作動離合器者，應具有彈簧緊固型構造或具有同等以上之安全功能。前項衝床以外之曲軸衝床，其制動裝置應為帶式制動以外之型式。但機械式摺床以外之曲軸衝床且壓力能力在100噸以下者，不在此限。

第36條規定：曲軸衝床應於明顯部位，設置能顯示曲軸等旋轉角度之指示計或其他同等指示功能之裝置。但具有不致使身體介入危險界限之構造者，不在此限。

第37條規定：置有滑動銷或滾動鍵之離合器之機械衝床，曲軸偏心軸之停止角度應在10度以內。但具有不致使身體介入危險界限之構造者，不在此限。前項停止角度，指由曲軸偏心軸之設定停止點與實際停止點所形成之曲軸中心角度。

第38條規定：曲軸等之轉速在每分鐘300轉以下之曲軸衝床，應具有超限運轉監視裝置。但依規定無須設置快速停止機構之曲軸衝床及具有不致使身體介入危險界限之構造者，不在此限。前項超限運轉監視裝置，指當曲軸偏心軸等無法停止在其設定停止點時，能發出曲軸等停止轉動之指令，使快速停止機構作動者。

第39條規定：機械衝床以氣壓或液壓控制離合器或制動裝置者，應設置下列電磁閥：(1)複動式電磁閥。但機械衝床具有不致使身體介入危險界限之構造者，不在此限。(2)常閉型電磁閥。(3)以氣壓控制者，其電磁閥採壓力回復型。(4)以液壓控制者，其電磁閥採彈簧回復型。

第40條規定：前條機械衝床應具有防止離合器或制動裝置之氣壓或液壓超壓之安全裝置，並具有在氣壓或液壓低於設定壓力時，自動停止滑塊

等動作之機構。

　　第41條規定：機械衝床以電動機進行滑塊等調整者，應具有防止滑塊等超出其調整量上限及下限之裝置。

　　第42條規定：機械衝床滑塊等之平衡器，應符合下列規定：(1)彈簧式平衡器：具有當彈簧等零件發生破損時，防止其零件飛散之構造。(2)氣壓式平衡器：①具有當活塞等零件發生破損時，防止其零件飛散之構造。②在制動裝置未動作時，滑塊等及其附屬品須維持在行程之任何位置，並具有在氣壓低於設定壓力時，自動停止滑塊等動作之構造。

　　第43、44條規定：使用確動式離合器之機械衝床，其每分鐘行程數在150以下，且壓力能力在150噸以下，置有操作用腳踏開關或腳踏板者，應具有在滑塊等動作中防止身體之一部介入危險界限之構造或具有快速停止機構。使用確動式離合器之機械衝床，其每分鐘行程數超過150或壓力能力超過150噸者，不得置有快速停止機構。

　　第45、46條規定：液壓衝床應具有液壓泵起動後，未進行該液壓衝床之起動操作，無法使滑塊等動作之構造。液壓衝床之快速停止機構，當滑塊等以最大速度下降時，使其作動，滑塊等之慣性下降值，不得超過**表6-7**所定之值。

表6-7

液壓衝床種類	壓力能力（單位：噸）	慣性下降直（單位：毫米）
液壓式摺床以外之液壓衝床	50以下	50
	超過50 300以下	100
	超過300	150
液壓式摺床	100以下	20
	超過100 500以下	50
	超過500	150

　　第47條規定：液壓衝床應具有足以支撐滑塊等及其上模重量之安全擋

塊。

第48條規定：液壓衝床之電磁閥，應為常閉型，並具有彈簧回復型之構造。

第49條規定：液壓衝床機械應具有防止液壓超壓之安全裝置。

第50條規定：攜帶用以外之手推刨床，應具有符合下列規定之刃部接觸預防裝置。但經檢查機構認可具有同等以上性能者，得免適用其之一部或全部：(1)覆蓋應遮蓋刨削工材以外部分。(2)具有不致產生撓曲、扭曲等變形之強度。(3)可動式接觸預防裝置之鉸鏈部分，其螺栓、插銷等，具有防止鬆脫之性能。(4)除將多數加工材料固定其刨削寬度從事刨削者外，所使用之刃部接觸預防裝置，應使用可動式接觸預防裝置。但直角刨削用手推刨床型刀軸之刃部接觸預防裝置，不在此限。

手推刨床之刃部接觸預防裝置，其覆蓋之安裝，應使覆蓋下方與加工材之進給側平台面間之間隙在8毫米以下。

第51條規定：手推刨床應設置遮斷動力時，可使旋轉中刀軸停止之制動裝置。但遮斷動力時，可使其於10秒內停止刀軸旋轉者，或使用單相線繞轉子型串激電動機之攜帶用手推刨床，不在此限。

第52條規定：手推應具有防止更換刨刀時發生危害之構造。

第53條規定：手推刨床應設置不離開作業位置即可操作之動力遮斷裝置。動力遮斷裝置應易於操作，且具有不因意外接觸、振動等，致手推刨床有意外起動之虞之構造。

第54條規定：攜帶用以外之手推刨床，其加工材進給側平台，應具有可調整與刃部前端之間隙在3毫米以下之構造。

第55條規定：手推刨床之刀軸，其帶輪、皮帶及其他旋轉部分，於旋轉中有接觸致生危險之虞者，應設置覆蓋。但刀軸為刨削所必要之部分者，不在此限。

第56條規定：手推刨床之刃部，其材料應符合下列規定之規格或具有同等以上之機械性質：(1)刀刃：符合國家標準CNS2904「高速工具鋼鋼

料」規定之 SKH2 規格之鋼料。(2)刀身：符合國家標準CNS 2473「一般結構用軋鋼料」或國家標準CNS 3828「機械構造用碳鋼鋼料」規定之鋼料。

第57條規定：手推刨床之刃部，應依下列方法安裝於刀軸：(1)國家標準CNS 4813「木工機械用平刨刀」規定之A型（厚刀）刃部，並至少取其安裝孔之一個承窩孔之方法。(2)國家標準CNS 4813「木工機械用平刨刀」規定之B型（薄刀）刃部，其分軸之安裝隙槽或壓刃板之斷面，使其成為尖劈形或與其類似之方法。

第58條規定：手推刨床之刀軸，應採用圓胴。

第59條規定：木材加工用圓盤鋸（以下簡稱圓盤鋸）之材料、安裝方法及緣盤，應符合下列規定：

(1)材料：依圓鋸片種類及圓鋸片構成部分，符合**表6-8**規定之材料規格或具有同等以上之機械性質。

表6-8

圓鋸片種類	圓鋸片構成部分	材料
超硬圓鋸片	鋸齒	超硬鋸齒規格之鋼料
	本體	符合國家標準CNS 2964「碳工具鋼鋼料」所定SK5或SK6之鋼料
超硬圓鋸片以外之圓鋸片		符合國家標準CNS 2964「碳工具鋼鋼料」所定SK5或SK6之鋼料

(2)安裝方法：①使用第(3)款規定之緣盤。但多片圓盤鋸或複式圓盤鋸等圓盤鋸於使用專用裝配具者，不在此限。②固定側或移動側緣盤以收縮配合、壓入等方法，或使用銷、螺栓等方式固定於圓鋸軸。③圓鋸軸之夾緊螺栓，具有不可任意旋動之性能。④使用於緣盤之固定用螺栓、螺帽等，具有防止鬆脫之性能，以防止制動裝置制動時引起鬆脫。

(3)圓盤鋸之緣盤：①使用具有國家標準CNS 2472「灰口鐵鑄件」規定之FC150鑄鐵品之抗拉強度之材料，且不致變形者。②緣盤直徑在固定側

與移動側均應等值。

第60條規定：圓盤鋸應設置下列安全裝置：(1)圓盤鋸之反撥預防裝置（以下簡稱反撥預防裝置）。但橫鋸用圓盤鋸或因反撥不致引起危害者，不在此限。(2)圓盤鋸之鋸齒接觸預防裝置（以下簡稱鋸齒接觸預防裝置）。但製材用圓盤鋸及設有自動輸送裝置者，不在此限。

第61條規定：反撥預防裝置之撐縫片（以下簡稱撐縫片）及鋸齒接觸預防裝置之安裝，應符合下列規定：(1)撐縫片及鋸齒接觸預防裝置經常使包含其縱斷面之縱向中心線而和其側面平行之面，與包含圓鋸片縱斷面之縱向中心線而和其側面平行之面，位於同一平面上。(2)木材加工用圓盤鋸，使撐縫片與其面對之圓鋸片鋸齒前端之間隙在12毫米以下。

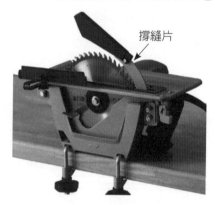

撐縫片

圖6-1

第62條規定：圓盤鋸應設置遮斷動力時可使旋轉中圓鋸軸停止之制動裝置。但下列圓盤鋸，不在此限：(1)圓盤鋸於遮斷動力時，可於10秒內停止圓鋸軸旋轉者。(2)攜帶用圓盤鋸使用單相串激電動機者。(3)設有自動輸送裝置之圓盤鋸，其本體內藏圓鋸片或其他不因接觸致引起危險之虞者。(4)製榫機及多軸製榫機。

第63條規定：圓盤鋸應設置可固定圓鋸軸之裝置，以防止更換圓鋸片時，因圓鋸軸之旋轉引起之危害。

第64、65條規定：圓盤鋸之動力遮斷裝置，應符合下列規定：(1)設置於操作者不離開作業位置即可操作之處。(2)須易於操作，且具有不因意外接觸、振動等致圓盤鋸有意外起動之虞之構造。圓鋸片、齒輪、帶輪、皮帶及其他旋轉部分，於旋轉中有接觸致生危險之虞者，應設置覆蓋。但圓鋸片之鋸切所必要部分者，不在此限。

第66、67條規定：傾斜式萬能圓盤鋸之鋸台傾斜裝置，應為螺旋式或不致使鋸台意外傾斜之構造。攜帶式圓盤鋸應設置平板。加工材鋸切側平板之外側端與圓鋸片鋸齒之距離，應在12毫米以上。

第68條說明撐縫片應符合下列規定：

(1)材料：符合國家標準CNS 2964「碳工具鋼鋼料」規定之SK5規格或具有同等以上之機械性質。

(2)形狀：①使其符合依第116條規定所標示之標準鋸台位置沿圓鋸片斜齒2/3以上部分與圓鋸片鋸齒前端之間隙在12毫米以內之形狀。②撐縫片橫剖面之刀形，具有輸送加工材時阻力較少之形狀。

(3)一端固定之撐縫片（以下簡稱鐮刀式撐縫片），依第116條規定所標示之標準鋸台位置之寬度值應依圓鋸片直徑，不得低於**表6-9**所定之值。

表6-9

圓鋸片直徑（單位：毫米）	值（單位：毫米）
152以下	30
203	35
255	45
305	50
355	55
405	60
455	70
510	75
560	80
610	85
備註：圓鋸片直徑介於列表值中間時，以比例法求出。	

(4)所列標準鋸台位置沿圓鋸片斜齒2/3之位置處之鐮刀式撐縫片寬度，不得低於**表6-9**所定之值之1/3。

(5)兩端固定之撐縫片（以下簡稱懸垂式撐縫片），其寬度值應依圓鋸片直徑，不得低於**表6-10**所定之值。

表6-10

圓鋸片直徑（單位：毫米）	值（單位：毫米）
810以下	40
超過810，965以下	50
超過965，1120以下	60
超過1120	70

(6)厚度為圓鋸片厚度之1.1倍以上。

(7)安裝部具有可調整圓鋸片鋸齒與撐縫片間之間隙之構造。

(8)安裝用螺栓：①安裝用螺栓之材料為鋼材，其螺栓直徑應依其撐縫片種類及圓鋸片直徑，不得低於**表6-11**所定之值。②安裝螺栓數在二個以上。③安裝螺栓具有盤形簧墊圈等防止鬆脫之性能。

表6-11

撐縫片種類	圓鋸片直徑 （單位：毫米）	螺栓直徑 （單位：毫米）
鐮刀式撐縫片	203以下	5
	超過203，355以下	6
	超過355，560以下	8
	超過560，610以下	10
懸垂式撐縫片	915以下	6
	超過915	8

(9)支持配件之材料為鋼材或鑄鐵件，且具有充分支撐撐縫片之強度。

(10)圓鋸片直徑超過610毫米者，該圓盤鋸所使用之撐縫片為懸垂式者。

第69條規定：供反撥預防裝置所設之反撥防止爪（以下簡稱反撥防止爪）及反撥防止輥（以下簡稱反撥防止輥），應符合下列規定：

(1)材料：符合國家標準CNS 2473「一般結構用軋鋼料」規定SS400規格或具有同等以上機械性質之鋼料。

(2)構造：①反撥防止爪及反撥防止輥，應依加工材厚度，具有可防止加工材於圓鋸片斜齒側撥升之機能及充分強度。但具有自動輸送裝置之圓盤鋸之反撥防止爪，不在此限。②具有自動輸送裝置之圓盤鋸反撥防止爪，應依加工材厚度，具有防止加工材反彈之機能及充分強度。

(3)反撥防止爪及反撥防止輥之支撐部，具有可充分承受加工材反彈時之強度。

(4)除自動輸送裝置之圓盤鋸外，圓鋸片直徑超過450毫米之圓盤鋸，使用反撥防止爪及反撥防止輥等以外型式之反撥預防裝置。

第70條規定：圓盤鋸之鋸齒接觸預防裝置，應符合下列規定：

(1)構造：①鋸齒接觸預防裝置使用於攜帶式圓盤鋸以外者，其覆蓋下端與輸送加工材可經常接觸之方式者（以下簡稱可動式），覆蓋須具有可將相對於鋸齒撐縫片部分與加工材鋸切中部分以外之其他部分充分圍護之構造。②可動式鋸齒接觸預防裝置以外之鋸齒接觸預防裝置，其使用之覆蓋具有將相對於鋸齒撐縫片部分與輸送中之加工材頂面8毫米以外之其他部分充分圍護，且無法自其下端鋸台面調整升高25毫米以上之構造。③前二目之覆蓋，具有使輸送加工材之操作者視線可見鋸齒鋸斷部分之構造。

(2)前款覆蓋之鉸鏈部螺栓、銷等，具有防止鬆脫之性能。

(3)支撐部分具有可調整覆蓋位置之構造；其強度可充分支撐覆蓋；支撐有關之軸及螺栓具有防止鬆脫之性能。

(4)攜帶式圓盤鋸之鋸齒接觸預防裝置：①覆蓋：可充分將鋸齒鋸切所需部分以外之部分圍護之構造。且鋸齒於鋸切所需部分之尺寸，具

有將平板調整至圓鋸片最大切入深度之位置，圓鋸片與平板所成角度置於90度時，其值不得超過**圖6-2**所定之值。②固定覆蓋：具有使操作者視線可見鋸齒鋸斷部分之構造。

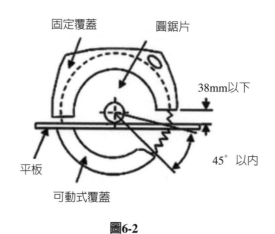

固定覆蓋　　　　圓鋸片

38mm以下

平板

45°以內

可動式覆蓋

圖6-2

③可動式覆蓋：鋸斷作業終了，可自動回復至閉止點之型式。可動範圍內之任何位置無法固定之型式。④支撐部：具有充分支撐覆蓋之強度。⑤支撐部之螺栓及可動覆蓋自動回復機構用彈簧之固定配件用螺栓等，具有防止鬆脫之性能。

第71條規定：以動力驅動、行駛之堆高機（以下簡稱堆高機），應依堆高機負荷狀態，具有在**表6-12**規定之坡度地面而不致翻覆之前後安定度及左右安定度。但屬配衡型堆高機以外型式之堆高機者，不在此限。

表6-12　配衡型堆高機

試驗項目		1	2	3	4
安定度區分		前後安定度		左右安定度	
安定測試狀態		靜止	運行	靜止	運行
負載		負載	負載	負載	無負載
叉之升程		最高	300mm	最高	300mm
桅桿或叉之傾斜度		垂直	後傾		
平台之情斜度	未滿5噸	4%	18%	6%	（15+1.1V）%（最大50%）
	5噸以上10噸以下	3.5%	18%	6%	（15+1.1V）%（最大40%）
堆高機在平台上之位置					

V：最高速度（km/h）　　　　X-Y：平台之傾斜軸

M-N：堆高機之左右安定度軸　A-B：堆高機之縱向中心線

第72條規定：側舉型堆高機應依堆高機負荷狀態，具有在**表6-13**規定之坡度地面而不致翻覆之前後安定度及左右安定度。

表6-13　側舉型堆高機

試驗項目		1	2	3	4
安定度區分		前後安定度		左右安定度	
安定測試狀態		靜止	運行	靜止	運行
負載		負載	負載	負載	無負載
叉之升程		最高	車台之高度	最高	300mm
伸縮度		伸長	收縮	伸長	收縮
桅桿或叉之傾斜度		垂直			
安定器		伸長	收縮	伸長	收縮
平台之傾斜度	未滿5噸	6%	18%	4%	（15+1.1v）%（最大40%）
	5噸以上10噸以下	6%	18%	3.5%	（15+1.1v）%（最大50%）

<table>
堆高機在平台上之位置
</table>

V：最高速度（km/h）　　　　X-Y：平台之傾斜軸
M-N：堆高機之左右安定度軸　　A-B：堆高機之縱向中心線

第73條規定：伸縮式堆高機及跨提型堆高機，應依堆高機負荷狀態，具有在**表6-14**規定之坡度地面而不致翻覆之前後安定度及左右安定度。

表6-14 伸縮型及跨提型堆高機

試驗項目	1	2	3	4	5	6	7	8
安定度區分	前安定度		左右安定度			後安定度		
安定測試狀態	靜止	運行	靜止		運行	靜止		運行
負載	負載	負載	負載	無負載	無負載	負載	無負載	無負載
叉之升程	最高	圖2、圖3	最高	最高	圖2、圖3	最高	最高	圖2、圖3
伸縮度（伸縮型堆高機）	伸長	收縮	收縮	收縮	收縮	收縮	收縮	收縮
桅桿或叉之傾斜度	垂直	最大後傾	安定性最差之狀態					
平台之傾斜度	4%	18%	6%	8%	圖4	14%	單後輪制動14% 複後輪制動18%	圖5

堆高機在平台上之位置

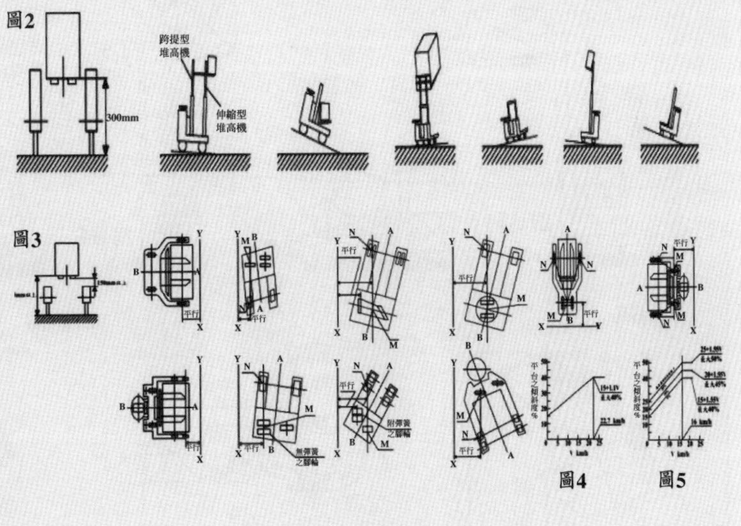

圖2　圖3　圖4　圖5

V：最高速度（km/h）　　X-Y：平台之傾斜軸
M-N：堆高機之左右安定度軸　A-B：堆高機之縱向中心線

第74條規定：窄道式堆高機應依堆高機負荷狀態，具有在**表6-15**規定之坡度地面而不致翻覆之前後安定度及左右安定度。

表6-15　窄道式堆高機

試驗項目		1	2	3		4
安定度區分		前後安定度		左右安定度		
安定測試狀態		靜止	運行	靜止		運行
負載		負載	負載	負載	無負載	無負載
叉之升程		最高	300mm	最高		300mm
桅桿或叉之傾斜度		垂直	後傾	後傾		後傾
堆高機在平台上之位置		圖B2與B6	圖B3與B7	圖B4與B8		圖B5與B8
平台之傾斜度	未滿5順	4%	18%	6%	8%	（15+1.4v）%（1）（最大50%）
	5順以上10順以下	3.5%	18%	6%		（15+1.4v）%（1）（最大40%）

(1) v=最高速度km/hr，無負載於平滑與平坦的地位

圖B2

圖B3

圖B4

圖B5

圖B6

負載軸線
轉軸
驅動軸線
平行

圖B7

驅動軸線　負載軸線
平行　　平行
A—B

圖B8

V：最高速度（km/h）　　　　　　X-Y：平台之傾斜軸

M-N：堆高機之左右安定度軸　　A-B：堆高機之縱向中心線

第75條規定：堆高機應具有制止運行及保持停止之制動裝置。前項制止運行之制動裝置，應依堆高機負荷狀態及制動初速度，具有在**表6-16**規定之停止距離內，使堆高機停止之性能。

表6-16

堆高機狀態	制動初速度 （單位：公里／小時）	停止距離 （單位：公尺）
走行時之基準無負荷狀態	20（最高速度未達每小時20公里之堆高機者，為其最高速度）。	5
走行時之基準負荷狀態	10（最高速度未達每小時10公里之堆高機者，為其最高速度）。	2.5
備註： 一、本表所稱「走行時之基準無負荷狀態」，指伸臂完全縮回，使桅桿垂直，貨叉呈水平，貨叉上端距離地面30公分狀態。 二、本表所稱「走行時之基準負荷狀態」，指在基準負荷狀態下，桅桿及貨叉呈最大後傾狀態。		

　　第一項保持停止狀態之制動裝置，應依堆高機負荷狀態，具有在**表6-17**規定之坡度地面，使堆高機停止之性能。但依堆高機性能，可爬坡之最大坡度低於同表所列坡度者，以該堆高機可爬坡之最大坡度為準。

表6-17

堆高機狀態	坡度（單位：%）
走行時之基準無負荷狀態。	20
走行時之基準負荷狀態。	15
備註： 一、本表所稱「走行時之基準無負荷狀態」，指伸臂完全縮回，使桅桿垂直，貨叉呈水平，貨叉上端距離地面30公分狀態。 二、本表所稱「走行時之基準負荷狀態」，指在基準負荷狀態下，桅桿及貨叉呈最大後傾狀態。	

　　第76條規定：堆高機應於其左右各設一個方向指示器。但最高時速未達20公里之堆高機，其操控方向盤之中心至堆高機最外側未達65公分，且

機內無駕駛座者，得免設方向指示器。

第77條規定：堆高機應設置警報裝置。

第78條規定：堆高機應設置前照燈及後照燈。但堆高機已註明限照度良好場所使用者，不在此限。

第79條規定：堆高機應設置符合下列規定之頂蓬。但堆高機已註明限使用於裝載貨物掉落時無危害駕駛者之虞者，不在此限：(1)頂蓬強度足以承受堆高機最大荷重之2倍之值等分布靜荷重。其值逾4公噸者為4公噸。(2)上框各開口之寬度或長度不得超過16公分。(3)駕駛者以座式操作之堆高機，自駕駛座上面至頂蓬下端之距離，在95公分以上。(4)駕駛者以立式操作之堆高機，自駕駛座底板至頂蓬上框下端之距離，在1.8公尺以上。

第80條規定：堆高機應設置後扶架。但堆高機已註明限使用於將桅桿後傾之際貨物掉落時無引起危害之虞者，不在此限。

第81條規定：堆高機之液壓裝置，應設置防止液壓超壓之安全閥。

第82條規定：堆高機之貨叉、柱棒等裝載貨物之裝置（以下簡稱貨叉等），應符合下列規定：(1)材料為鋼材，且無顯著損傷、變形及腐蝕者。(2)在貨叉之基準承重中心加以最大荷重之重物時，貨叉所生應力值在該貨叉鋼材降伏強度值之1/3以下。產製或輸入堆高機，非屬新製品，且其既有貨叉符合國際標準ISO5057規定者，得不受前項第二款之限制。

第83條規定：堆高機裝卸裝置使用之鏈條，其安全係數應在5以上。安全係數為鏈條之斷裂荷重值除以加諸於鏈條荷重之最大值所得之值。

第84條規定：駕駛座採用升降方式之堆高機，應於其駕駛座設置扶手及防止墜落危險之設備。使用座式操作之堆高機，應符合下列規定：(1)駕駛座應使用緩衝材料，使其於走行時，具有不致造成駕駛者身體顯著振動之構造。(2)配衡型堆高機及側舉型堆高機之駕駛座，應配置防止車輛傾倒時，駕駛者被堆高機壓傷之安全帶、護欄或其他防護設施。

第85條規定：研磨機之研磨輪，應具有下列性能：(1)平直形研磨輪、盤形研磨輪、彈性研磨輪及切割研磨輪，其最高使用周速度，以製成該研

磨輪之結合劑製成之樣品，經由研磨輪破壞旋轉試驗定之。(2)研磨輪樣品之研磨砂粒，為鋁氧（礬土）質系。(3)平直形研磨輪及盤形研磨輪之尺寸，依**表6-18**所定之值。(4)第(1)款之破壞旋轉試驗，採抽取試樣三個以上或採同一製造條件依**表6-18**所定尺寸製成之研磨輪樣品為之。以各該破壞旋轉周速度值之最低值，為該研磨輪樣品之破壞旋轉周速度值。(5)使用於粗磨之平直形研磨輪以外之研磨輪，以**表6-19**所定普通使用周速度限度以內之速度（以下簡稱普通速度），供機械研磨使用者，其最高使用周速度值，應在前款破壞旋轉周速度值除以1.8所得之值以下。但超過**表6-19**所列普通速度之限度值者，為該限度值。(6)除第(5)款所列研磨輪外，第(1)款研磨輪最高使用周速度值，應在第(4)款破壞旋轉周速度值除以2所得之值以下。但於普通速度下使用者，其值超過**表6-19**所定普通速度之限度值時，為該限度值。(7)研磨輪之最高使用周速度值，應依**表6-20**所列之研磨輪種類及結合劑種類，依前二款規定之平直形研磨輪所得之最高使用周速度值乘以**表6-20**所定數值所得之值以下。但環片式研磨輪者，得由中央主管機關另定之。

表6-18

研磨輪種類	尺寸（單位：毫米）		
	直徑	厚度	孔徑
平直形研磨輪	205以上 305以下	19以上 25以下	直徑之1/2
盤形研磨輪	180	6	22

機械安全

表6-19

研磨輪種類			研磨輪之普通使用周速度限度（單位：公尺／秒）	
			結合劑為無機物時	結合劑為有機物時
平直形研磨輪	未補強者	一般用者	33	50
		超重研磨用者	-	63
		螺絲研磨用及溝槽之研磨用者	63	63
		曲柄軸及凸輪軸之研磨用者	45	50
	經補強者	直徑100毫米以下，厚度25毫米以下者	-	80
		直徑超過100毫米，205毫米以下；厚度13毫米以下者	-	72
		其他尺寸者	-	50
單斜形研磨輪、雙斜形研磨輪、單凹形研磨輪、雙凹形研磨輪、安全形研磨輪、皿形研磨輪及鋸用研磨輪			33	50
楔形研磨輪		一般用者	33	50
		螺絲研磨用及溝槽之研磨用者	63	63
留空形研磨輪		一般用者	33	50
		曲柄軸及凸輪軸之研磨用者	45	50
環形研磨輪及環形之環片式研磨輪			30	35
直杯形研磨輪及斜杯形研磨輪			30	40
鋸齒形研磨輪及鋸齒形之環片式研磨輪			33	45
盤形研磨輪（直徑230毫米以下，厚度10毫米以下者）		未補強	-	57
		經補強	-	72
切割研磨輪		未補強	-	63
		經補強	-	80
備註：自國外輸入之研磨輪最高使用周速度依下表換算。				
輸入研磨輪之最高使用周速度（英尺／分）			換算（公尺／秒）	
6500			33	
8500			45	
9500			50	
12000			60	
16000			80	
20000			100	

154

表6-20

研磨輪種類	結合劑種類	數值
單斜形研磨輪、雙斜形研磨輪、單凹形研磨輪、雙凹形研磨輪、安全形研磨輪、楔形研磨輪、皿形研磨機、鋸用研磨輪、留空式研磨輪	無機物 有機物	1.0
環形研磨輪	無機物	0.9
	有機物	0.7
直杯形研磨輪、斜杯形研磨輪	無機物	0.9
	有機物	0.8
鋸齒形研磨輪	無機物	1.0
	有機物	0.87

　　第86條規定：(1)直徑在100毫米以上之研磨輪，每批製品應具有就該研磨輪以最高使用周速度值乘以1.5倍之速度實施旋轉試驗合格之性能。(2)前項試驗用研磨輪，應取其製品數之10%以上；其值未滿5個時，為5個：實施前項旋轉試驗，試驗之研磨輪全數無異常時，該批製品為合格；異常率在5%以下時，除異常之研磨輪外，該批其他製品視為合格。但顯有異常之製品，得不列入研磨輪試驗數。(3)研磨輪應於不超過一個月之一定期間，實施第(4)項之定期破壞旋轉試驗，經試驗合格之研磨輪，得免除第(1)項之旋轉試驗；經定期破壞旋轉試驗未能合格之研磨輪，應依第(2)項規定處理。(4)對三個以上使用同種結合劑在普通速度下供研磨用之研磨輪，於實施定期破壞旋轉試驗時，其破壞旋轉周速度之最低值，供粗磨以外之機械研磨時，為最高使用周速度乘以1.8所得之值；其他研磨輪為最高使用周速度乘以2所得之值，就使用該結合劑於供普通速度下使用之研磨輪製品，均視為合格。

　　第87條規定：盤形研磨輪應就每種同一規格之製品，實施衝擊試驗。但彈性研磨輪，不在此限。前項衝擊試驗，應分別就二個以上研磨輪，以**圖6-3**及**表6-21**所定之衝擊試驗機，向相對之二處施以98焦耳之衝擊。但直徑未滿70毫米之研磨輪，得以直徑70毫米之同一規格研磨輪樣品為之。

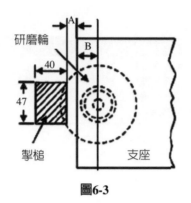

圖6-3

　　在衝擊試驗測得之衝擊值中最低數值，依研磨輪厚度及直徑，每平方毫米0.0297焦耳以上者，與該衝擊試驗相關規格之製品均視為合格。

　　前項衝擊值，依**表6-22**所列公式計算。

表6-21

研磨輪之直徑（單位：毫米）	70	超過70，90以下	超過90，110以下	超過110，120以下	超過120，140以下	超過140，160以下	超過160，180以下	超過180，220以下	超過220
A（單位：毫米）	8	13	13	13	18	30	38	42	42
B（單位：毫米）	19	19	27	36	36	36	36	36	52.5

表6-22

衝擊值（單位：焦耳／毫米²）$= \dfrac{E}{LT}$

式中，E、L及T值如下：

E：衝擊試驗中所得之吸收能量（單位：焦耳）

L：依下列公式計算所得之剖面之弦長（單位：毫米）

$L = 2\sqrt{R^2 - B^2}$

　R：研磨輪半徑（單位：毫米）

　B：**表6-21**所定之B值（單位：毫米）

T：供試驗研磨輪之厚度（單位：毫米）

第88條規定：研磨輪之尺寸，應依研磨輪之最高使用周速度及研磨輪種類，具有**表6-23**所定之值。

　　第89條規定：研磨輪應使用符合第90條至第94條所定規格之緣盤。但**表6-24**所定之研磨輪種類，於使用同表規定之安裝器具者，不在此限。固定側或移動側之緣盤，應以避免相對於研磨輪軸而旋轉之固定方式，固定於研磨輪軸上；其研磨輪軸之固定扣件螺絲，應具有適度鎖緊狀態。以平直形研磨輪用之安全緣盤，將研磨輪安裝於研磨機時，應使用橡膠製墊片。

　　第90條規定：緣盤應使用具有相當於國家標準CN S2472「灰口鐵鑄件」所定FC150鐵鑄件之抗拉強度之材料，且不致變形者。緣盤之直徑及接觸寬度，在固定側與移動側均應等值。但第94條**圖6-5**所定之緣盤，不在此限。

　　第91條規定：直式緣盤之直徑，應在擬安裝之研磨輪直徑之1/3以上；間隙值應在1.5毫米以上；接觸寬度，應依研磨輪直徑，具有**表6-25**所定之值。安裝於最高使用周速度在每分鐘4800公尺以下，經補強之切割研磨輪，其使用抗拉強度在每平方毫米71公斤以上之玻璃纖維絲網或其他同等強度之材料補強者，該切割研磨輪之直式緣盤之直徑，得為該研磨輪直徑之1/4以上，不受前項規定之限制。

表6-23

使用周速度區分（單位：公尺/秒）研磨輪之最高	研磨輪種類	尺寸（單位：毫米）						
		直徑(D)	厚度(T)	孔徑(H)	凹徑(P)	裝設部之厚度(E)	裝設部之平行部分之直徑(J或K)	邊緣厚(W)
普通速度	全部	切割研磨輪為1,500以下		0.7D以下	1.02Df+4以上	直杯形及斜杯形為T/4以上、單凹形、雙凹形、皿形及鋸用皿形為T/2以上	Df+2R以上	E以下
普通速度以外之速度　45以下	平面形、單斜形、雙凹形、單凹形、安全形、楔形及留空形	1,065以下	D/75以上D（D≦610）以下	0.6D以下	1.02Df+4以上	(2/3)T以上	Df+2R以上	
超過45，60以下	平面形、單斜形、雙凹形、單凹形、安全形、楔形及留空形及凸起形	1,065以下	D/50以上305以下	0.5D以下	1.02Df+4以上	(2/3)T以上	Df+2R以上	
超過60，80以下	平直形、楔形、安全形及切割形	切割研磨輪為1,500以下，其他為760以下	D/50以上152以下	0.33D以下			Df+2R以上	
超過80，100以下	平直形、楔形、安全形及切割形	切割研磨輪為1,500以下，其他為760以下	D/50以上80以下	0.2D以下			Df+2R以上	

備註：

一、表中，Df為固定緣盤之直徑，R為凹槽圓角之內半徑。

二、表中未訂定之值為任意值。

表6-24

研磨輪種類	安裝器具
環形研磨輪及碟形研磨輪有螺帽杯形研磨輪、有螺帽砲彈形研磨輪等有螺帽之研磨輪	底座 有螺帽之安裝器具
環片式研磨輪	環片安裝器具
帶柄研磨輪	軸固定器具
安裝於精密內圓研磨機之內圓研磨軸上之平直形研磨輪	螺栓等安裝器具

表6-25

研磨輪直徑（單位：毫米）	接觸寬度值（單位：毫米）
65以下	超過0.1Df，未滿0.26Df
超過65，355以下	超過0.08Df，未滿0.18Df
超過355	超過0.06Df，未滿0.18Df
備註：表中之Df為固定緣盤之直徑。	

第92條規定：套式緣盤或接頭式緣盤之直徑，應依下列計算式計算所得之值：

$$Df \geq K\,(D-H)+H$$

式中，Df、D、H及K值如下：

Df：固定緣盤之直徑（單位：毫米）

D：研磨輪直徑（單位：毫米）

H：固定緣盤之孔徑（單位：毫米）

K：常數，依**表6-26**規定。

前項緣盤之接觸寬度，應依研磨輪直徑，不得低於**表6-27**所定之值。

接頭式緣盤，不得安裝於使用速度逾普通速度之研磨輪。

機械安全

表6-26

研磨輪直徑	K	
（單位：毫米）	普通速度使用之研磨輪	普通速度以外之速度使用之研磨輪
未滿610	0.13	0.15
610以上，未滿760	0.11	0.13
760以上，未滿1065	0.10	0.12
1065以上	0.08	0.10

表6-27

研磨輪直徑	接觸寬度值（單位：毫米）		
	套式固定緣盤		接頭式固定緣盤
（單位：毫米）	普通速度使用之研磨輪	普通速度以外之速度使用之研磨輪	普通速度使用之研磨輪
100以下	4	5	8
超過100，125以下	6	7	12
超過125，205以下	7	8	15
超過205，305以下	10	12	22
超過305，405以下	13	16	22
超過405，610以下	13	20	22
超過610，1,065以下	16	25	32
超過1,065以上	32	32	-

　　第93條規定：安全式緣盤之直徑，於供平直形研磨輪使用者，應在所裝研磨輪直徑之2/3以上；供雙斜形研磨輪使用者，應在所裝研磨輪直徑之1/2以上。前項緣盤之間隙值，應在1.5毫米以上；接觸寬度應在該緣盤直徑之1/6以上。雙斜形研磨輪用緣盤與研磨輪之接觸面，應有1/16以上之斜度。

　　第94條規定：供盤形研磨輪使用之緣盤之形狀如**圖6-4**及**圖6-5**者，該緣盤之尺寸應依盤形研磨輪直徑，具有**表6-28**及**表6-28-1**所定之值。

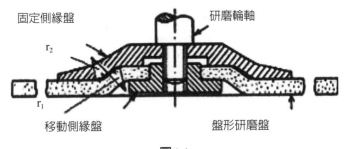

固定側緣盤　研磨輪軸
r₂
移動側緣盤　盤形研磨盤

圖6-4

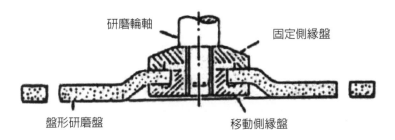

研磨輪軸　固定側緣盤
盤形研磨盤　移動側緣盤

圖6-5

表6-28

盤形研磨輪直徑 （單位：毫米）	值（單位：毫米）					
	固定側緣盤之直徑	移動側緣盤之直徑	固定側緣盤之深度	導孔之直徑	**圖6-4**所示之r_1	**圖6-4**所示之r_2
100以下	50	18	4.0	9.53	3.2	4.9
超過100	100	40	4.8	22.23	10.0	10.0
備註：對於直徑 100 毫米之盤形研磨輪，其固定側緣盤直徑得為 80 毫米，移動側緣盤直徑得為 30 毫米，導孔之直徑得為 16 毫米。						

表6-28-1

盤形研磨輪直徑 （單位：毫米）	值（單位：毫米）		
	直徑	接觸寬度	導孔之直徑
100以下	30	4	15
超過100	40	6	22

第95條規定：內圓研磨機以外之研磨輪，應設置護罩，並具有第96條至第104條所定之性能。

第96條規定：研磨輪護罩之材料，應使用具有下列所定機械性質之壓延鋼板：(1)抗拉強度值在每平方毫米28公斤以上，且延伸值在14%以上。(2)抗拉強度值（單位：公斤／平方毫米）與延伸值（單位：百分比）之兩倍之和，在76以上。攜帶用研磨機之護罩及帶狀護罩以外之護罩，應依研磨輪最高使用周速度，使用**表6-29**所定之材料，不受前項規定之限制。切割研磨輪最高使用周速度在每分鐘4,800公尺以下者，其使用之護罩材料，得使用抗拉強度在每平方毫米18公斤以下，且延伸值在2%以上之鋁，不受前二項規定之限制。

表6-29

研磨輪最高使用周速度（單位：公尺／秒）	材料
33以下	鑄鐵、可鍛鑄鐵或鑄鋼
超過33，50以下	可鍛鑄鐵或鑄鋼
超過50	鑄鋼
備註：表中所列材料，應具有下列機械性質： 一、鑄鐵應具有符合國家標準CNS 2472「灰口鐵鑄件」規定之FC150之規格之抗拉強度以上者。 二、可鍛鑄鐵抗拉強度值應在每平方毫米32公斤以上，延伸值在8%以上。 三、鑄鋼抗拉強度值應在每平方毫米37公斤以上，延伸值在15%以上，抗拉強度值（單位：公斤／平方毫米）之0.6倍加延伸值（單位：%百分比）所得之值應在48以上。	

第97條規定：研磨輪之護罩，應依下列規定覆蓋。但研磨輪供研磨之必要部分者，不在此限：(1)使用側面研磨之研磨輪之護罩：研磨輪周邊面及固定側之側面。(2)前款護罩以外之攜帶用研磨機之護罩，其周邊板及固定側之側板使用無接縫之單片壓延鋼板製成者：研磨輪之周邊面、固定側之側面及拆卸側之側面，如**圖6-6**所示之處。但**圖6-6**所示將周邊板頂部，有5毫米以上彎弧至拆卸側上且其厚度較第99條第1項之**表6-32**所列之值增加

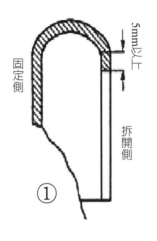

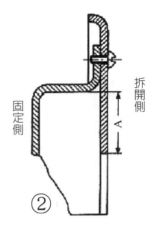

圖6-6

20%以上者，為拆卸側之側面。(3)前二款所列護罩以外之護罩：研磨輪之周邊、兩側面及拆卸側研磨輪軸之側面。前項但書所定之研磨輪供研磨之必要部分，應依研磨機種類及**圖6-7**之規定。

第98條規定：帶型護罩以外之使用壓延鋼板為材料之護罩，其厚度應依研磨輪最高使用周速度、研磨輪厚度及研磨輪直徑，不得低於**表6-30**所定之值。護罩以鑄鐵、可鍛鑄鐵或鑄鋼為材料者，其厚度應依材料種類，在前項所定之厚度值乘以**表6-31**所定之係數所得之值以上。

第99條規定：供盤形研磨輪及切割研磨輪以外之**表6-32**鋼板製成者，該護罩之厚度，應依研磨輪之最高使用周速度、研磨輪厚度、研磨輪直徑，以護罩板之區分，具有**表6-32**規定之值，不受前條規定之限制。

一、圓筒研磨機、無心研磨機、工具研磨機、萬能研磨機及其他類同之研磨機

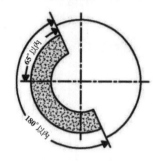

四、剷除鑄件毛邊等使用之桌上用研磨機或床式研磨機

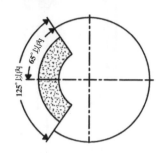

二、攜帶用研磨機、擺動式研磨機、鋼胚平板用研磨機及其他類同之研磨機

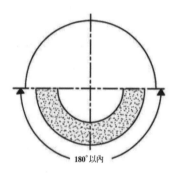

五、使用研磨輪上端為目的之桌上用研磨機或床式研磨機

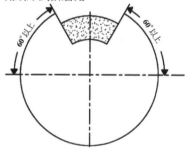

三、平面研磨機、切割用研磨機及其他類同之研磨機

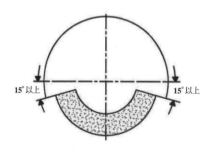

六、前二款以外之桌上用研磨機、床式研磨機及其他類同之研磨機

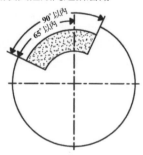

圖6-7

表6-30

研磨輪最高使用周速度（單位：公尺/秒）	研磨輪厚度（單位：毫米）	研磨輪直徑（單位：毫米）												
		150以下		超過150 305以下		超過305 405以下		超過405 510以下		超過510 610以下		超過610 760以下		超過760 1250以下	
		A	B	A	B	A	B	A	B	A	B	A	B	A	B
33以下	50以下	1.6	1.6	2.3	1.9	3.1	2.3	3.9	3.1	5.5	3.9	6.3	4.5	7.9	6.3
	超過50 100以下	1.9	1.6	2.3	1.9	3.1	2.3	4.5	3.9	6.3	3.9	7.0	4.5	8.7	6.3
	超過100 150以下	2.3	1.6	3.1	2.7	3.9	3.1	6.3	3.9	7.0	4.5	7.9	5.5	9.5	7.9
	超過150 205以下	—	—	3.9	3.5	5.5	4.5	6.3	4.5	7.0	4.5	7.9	5.5	9.5	7.9
	超過205 305以下	—	—	4.5	4.3	5.5	4.5	6.3	4.5	7.0	4.5	7.9	5.5	9.5	7.9
	超過305 405以下	—	—	—	—	7.0	6.3	7.9	6.3	8.0	6.3	9.0	6.7	11.0	8.7
	超過405 510以下	—	—	—	—	—	—	8.7	7.0	8.7	7.0	9.5	8.7	12.7	10.0
超過33, 50以下	50以下	2.2	1.6	4.2	3.4	4.5	3.8	5.5	4.4	6.6	4.9	7.7	6.0	10.0	7.7
	超過50 100以下	2.4	1.6	4.4	3.8	5.4	4.2	6.6	5.5	7.7	5.5	8.0	6.0	10.5	7.7
	超過100 150以下	3.2	1.6	5.8	4.9	6.3	5.4	8.3	6.0	8.8	6.6	9.0	7.0	12.0	9.7
	超過150 205以下	—	—	7.0	5.6	8.8	7.0	9.4	7.0	10.0	7.0	10.5	7.8	13.0	10.0
	超過205 305以下	—	—	8.0	6.9	9.3	7.7	9.9	7.7	10.5	7.7	11.0	8.3	14.5	11.0
	超過305 405以下	—	—	—	—	10.5	9.4	12.0	9.9	12.5	9.9	13.6	10.8	17.0	13.0
	超過405 510以下	—	—	—	—	—	—	13.0	11.0	13.0	11.0	14.5	12.7	19.0	16.0
超過50, 80以下	50以下	3.1	1.6	7.9	6.3	7.9	6.3	7.9	6.3	7.9	6.3	9.5	7.9	12.7	9.5
	超過50 100以下	3.1	1.6	9.5	7.9	9.5	7.9	9.5	7.9	9.5	7.9	9.5	7.9	12.7	9.5
	超過100 150以下	4.7	1.6	11.0	9.0	11.0	9.5	11.0	9.5	11.0	9.5	11.0	9.5	17.4	12.0
	超過150 205以下	—	—	12.7	9.5	14.0	11.0	14.0	11.0	14.0	11.0	14.0	11.0	19.0	12.7
	超過205 305以下	—	—	14.0	11.0	15.8	12.7	15.8	12.7	15.8	12.7	15.8	12.7	22.0	15.8
	超過305 405以下	—	—	—	—	15.8	14.0	19.0	15.8	19.0	15.8	20.0	17.4	26.9	20.0
	超過405 510以下	—	—	—	—	—	—	20.0	17.4	20.0	17.4	22.0	19.0	30.0	23.8

備註：表中，A為護罩周邊板厚度，B為護罩側板之厚度。

表6-31

材料種類	係數
鑄鐵	4.0
可鍛鑄鐵	2.0
鑄鋼	1.6

表6-32

研磨輪之最高使用周速度（單位：公尺／秒）	研磨輪厚度（單位：毫米）	護罩板之區分	研磨輪直徑（單位：毫米）					
			125以下	超過125，150以下	超過150，205以下	超過205，255以下	超過255，305以下	超過305，355以下
33以下	32以下	A	1.6	1.6	1.8	2.0	2.3	3.0
		B	1.2	1.2	1.4	1.6	1.8	2.3
	超過32，50以下	A	－	－	－	2.0	2.3	3.0
		B	－	－	－	1.6	1.8	2.3
超過33，50以下	32以下	A	1.6	2.2	2.6	3.0	3.2	4.0
		B	1.6	1.6.	1.6	2.0	2.3	2.8
	超過32，50以下	A	－	－	－	3.0	3.2	4.0
		B	－	－	－	2.0	2.3	2.8
備註：表中A表示護罩之周邊板及固定側之側板；B表示護罩之拆卸側之側板。								

前項護罩之固定側之周邊板與拆卸側之側板採結合方式製成者，其拆卸側之側板頂端，應具有圖6-8所示之彎曲形狀。

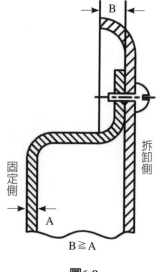

圖6-8

　　第100條規定：使用於直徑在230毫米以下之盤形研磨輪之護罩，其周邊板與固定側側板使用無接縫單片壓延鋼板製成者，該護罩之厚度，應依研磨輪厚度，不得低於**表6-33**所定之值，不受第98條第1項規定之限制。

表6-33

研磨輪厚度（單位：毫米）	數值（單位：毫米）
10以下	1.6
超過10，20以下	2.3

　　前項護罩之頂端部分，應具有**圖6-9**所示之彎曲形狀。

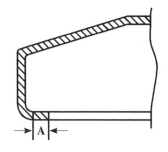

圖6-9

備註：A值對應於研磨輪之直徑（D），應在下列值以上：
D≦125時為3
125<D≦180時為4
180<D≦230時為5
（單位：毫米）

　　第101條規定：於最高使用周速度在每分鐘4,800公尺以下之切割研磨輪，使用壓延鋼板製作之護罩，其厚度應依研磨輪厚度、研磨輪直徑及護罩板區分，具有**表6-34**所定之值，不受第98條第1項規定之限制。使用鑄鐵、可鍛鑄鐵及鑄鋼等製成之護罩，供前項切割研磨輪使用者，其厚度準用第98條第2項之規定。使用鋁製成之護罩，供第1項切割研磨輪使用者，其厚度不得低於鋁之抗拉強度值乘以**表6-35**所定之係數所得之值。

表6-34

研磨輪厚度 （單位：毫米）	護罩板之 區分	研磨輪直徑（單位：毫米）				
		205以下	超過205， 305以下	超過305， 510以下	超過510， 760以下	超過760， 915以下
6以下	A	1.6	2.0	2.5	4.0	5.0
	B	1.2	1.6	2.0	2.8	4.0
超過6，13以下	A	2.0	2.3	3.2	5.0	6.3
	B	1.6	1.8	2.5	3.2	5.0
備註：表中A表示護罩之周邊板，B為護罩之側板。						

表6-35

鋁之抗拉強度值（單位：公斤／平方毫米）	係數
18以上，未滿23	3.0
23以上，未滿31	2.5
31以上	2.0

第102條規定：帶型護罩之厚度，應依研磨輪直徑，不得低於**表6-36**所定之值。前項護罩之設置，應依**圖6-10**之規定。

表6-36

研磨輪直徑（單位：毫米）	護罩厚度值（單位：毫米）
205以下	1.6
超過205，610以下	3.2
超過610	6.3

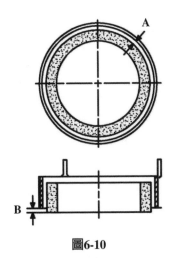

圖6-10

備註：1.對應於研磨輪直徑（D）
　　　　A之最大值如下：
　　　　D≦205時為5
　　　　205<D≦時為7
　　　　D>610時為10
　　　　（單位：毫米）
　　　2.對應於研磨輪厚度（T）
　　　　B之最大值如下：
　　　　T≦25時為0.5T

　　第103條規定：護罩不得有降低其強度之虞之孔穴、溝槽等。

　　第104條規定：桌上用研磨機及床式研磨機使用之護罩，應以設置舌板或其他方法，使研磨之必要部分之研磨輪周邊與護罩間之間隙可調整在10毫米以下。前項舌板，應符合下列規定：(1)為板狀。(2)材料為第96條第1項所定之壓延鋼板。(3)厚度具有與護罩之周邊板同等以上之厚度，且在3毫米以上，16毫米以下。(4)有效橫斷面積在全橫斷面積之70%以上，有效縱斷面積在全縱斷面積之20%以上。(5)安裝用螺絲之直徑及個數，依研磨輪厚度，具有**表6-37**所定之值。

表6-37

研磨輪厚度（單位：毫米）	直徑（單位：毫米）	個數
150以下	t ×1.6	2
超過150	t ×2.0	2
	t ×1.4	4
備註： 一、表中 t 為舌板厚度。 二、直徑欄所列數值未滿5毫米者，視為5毫米。		

第105條規定：研磨機應設置不離開作業位置即可操作之動力遮斷裝置。前項動力遮斷裝置，應易於操作，且具有不致因接觸、振動等而使研磨機有意外起動之虞之構造。

第106條規定：使用電力驅動之攜帶用研磨機、桌上用研磨機或床式研磨機，應符合下列規定：(1)電氣回路部分之螺絲，具有防止鬆脫之性能。(2)充電部分與非充電金屬部分間之絕緣部分，其絕緣效力具有國家標準CNS 3265「手提電磨機」規定之絕緣性能。(3)接地構造之設置，應符合國家標準CNS 3265「手提電磨機」之接地規定。

第107條規定：桌上用研磨機或床式研磨機，應具有可調整研磨輪與工作物支架之間隙在3毫米以下之工作物支架。

第108條規定：攜帶用空氣式研磨機，應設置調速機。但研磨機之公稱尺寸未滿65毫米者，不在此限。

第109條規定：直徑未滿50毫米之研磨輪及其護罩，不適用本章之規定。

第110條規定：用於氣體類之防爆電氣設備，其性能、構造、試驗、標示及危險區域劃分等，應符合國家標準CNS 3376系列、國際標準IEC 60079系列或與其同等之標準規定。前項國家標準CNS 3376系列與國際標準IEC 60079系列有不一致者，以國際標準IEC 60079系列規定為準。

第111條規定：用於粉塵類之防爆電氣設備，其性能、構造、試驗、標示及塵爆場所區域劃分等，應符合國家標準CNS 3376、CNS 15591系列、

國際標準IEC 60079、IEC 61241系列或與其同等之標準相關規定。前項國家標準CNS 3376、CNS 15591系列與國際標準IEC 60079、IEC 61241系列有不一致者，以國際標準IEC 60079、IEC 61241系列規定為準。

第111-1條規定：交流電焊機用自動電擊防止裝置之構造及性能，應符合國家標準CNS 4782。

第112條規定：衝壓機械之安全裝置，應標示下列事項：

(1)製造號碼。

(2)製造者名稱。

(3)製造年月。

(4)適用之衝壓機械種類、壓力能力、行程長度（雙手操作式安全裝置除外）、每分鐘行程數（雙手操作式安全裝置及光電式安全裝置除外）及金屬模之大小範圍。

(5)雙手操作式安全裝置及光電式安全裝置，應依下列規定標示：①安全一行程雙手操作式安全裝置：手離開操作部至快速停止機構開始動作之時間（Tl），以毫秒表示。②雙手起動式安全裝置：手離開操作部至適用之衝壓機械之滑塊等達到下死點之最大時間（Tm），以毫秒表示。③光電式安全裝置：手將光線遮斷至快速停止機構開始動作之時間（Tl），以毫秒表示。④適用之衝壓機械之停止時間：快速停止機構開始動作至滑塊等停止之時間（Ts），以毫秒表示。但標示最大停止時間（Tl+Ts）者，得免分別標示Tl及Ts。⑤安全一行程雙手操作式安全裝置及光電式安全裝置依第④項所定之停止時間；雙手起動式安全裝置依第②項規定之最大時間，分別對應之安全距離。雙手操作式安全裝置，為操作部與危險界限之距離；光電式安全裝置，為光軸與危險界限之距離，以毫米表示。

(6)光電式安全裝置，除前款之標示外，應另標示下列事項：①有效距離：指投光器與受光器之機能可有效作用之距離限度，以毫米表示。②適用之衝壓機械之防護高度，以毫米表示。

(7)摺床用雷射感應式安全裝置，除第(1)款至第(3)款之標示外，應另

標示下列事項：①自遮斷雷射光，快速停止機構開始動作至滑塊等停止時之時間，以毫秒表示。②對應前目之時間，摺床雷射光軸與危險界限之距離，以毫米表示。③有效距離：雷射光軸可有效作用之距離限度，以毫米表示。

(8)掃除式安全裝置，除第(1)款至第(4)款之標示外，應另標示掃臂之最大振幅，以毫米表示。

第113條規定：剪斷機械之安全裝置，應標示下列事項：(1)製造號碼。(2)製造者名稱。(3)製造年月。(4)適用之剪斷機械種類。(5)適用之剪斷機械之剪斷厚度，以毫米表示。(6)適用之剪斷機械之刀具長度，以毫米表示。(7)光電式安全裝置：有效距離，指投光器與受光器之機能可有效作用之距離限度，以毫米表示。

第114條規定：衝壓機械應於明顯易見處標示下列事項：(1)製造號碼。(2)製造者名稱。(3)製造年月。(4)機械規格：依**表6-38**之規定。

第115條規定：手推刨床應於明顯易見處標示下列事項：(1)製造者名稱。(2)製造年月。(3)額定功率或額定電流。(4)額定電壓。(5)無負荷回轉速率。(6)有效刨削寬度。(7)刃部接觸預防裝置，標示適用之手推刨床之有效刨削寬度。

第116條規定：圓盤鋸應於明顯易見處標示下列事項：(1)製造者名稱。(2)製造年月。(3)額定功率或額定電流。(4)額定電壓。(5)無負荷回轉速率；具有變速機構之圓盤鋸者，為其變速階段之無負荷回轉速率。(6)適用之圓鋸片之直徑範圍及圓鋸軸之旋轉方向；具有變速機構之圓盤鋸者，為其變速階段可使用之圓鋸片直徑範圍、種類及圓鋸軸旋轉方向。(7)撐縫片適用之圓鋸片之直徑、厚度範圍及標準鋸台位置。(8)鋸齒接觸預防裝置，其適用之圓鋸片之直徑範圍及用途。

表6-38

衝壓機械種類	機械規格
機械式摺床以外之衝壓機械	一、壓力能力（單位：噸） 二、行程數（單位：每分鐘行程數） 三、行程長度（單位：毫米） 四、模高（單位：毫米） 五、滑塊等之調節量（單位：毫米） 六、最大停止時間（Tl+Ts之合計時間或Tm）（單位：毫秒） 七、超限運轉監視裝置之設定位置（區軸偏心軸等上死點與設定停止點間之角度） 八、離合器嚙合處之數目（限確動式離合器）
機械式摺床	一、壓力能力（單位：噸） 二、行程數（單位：每分鐘行程數） 三、行程長度（單位：毫米） 四、工作台長度（單位：毫米） 五、間隙深度（單位：毫米） 六、最大停止時間（單位：毫秒） 七、超限運轉監視裝置之設定位置
液壓式摺床以外之液壓衝床	一、壓力能力（單位：噸） 二、行程長度（單位：毫米） 三、滑塊等之最大下降速度（單位：毫米／每秒） 四、慣性下降值（單位：毫米） 五、最大停止時間（單位：毫秒）
液壓式摺床	一、壓力能力（單位：噸） 二、行程長度（單位：毫米） 三、工作台長度（單位：毫米） 四、間隙深度（單位：毫米） 五、滑塊等之最大下降速度（單位：毫米／每秒） 六、慣性下降值（單位：毫米） 七、最大停止時間（單位：毫秒）

　　第117條規定：堆高機應於明顯易見處標示下列事項：(1)製造者名稱。(2)製造年分。(3)製造號碼。(4)最大荷重。(5)容許荷重：指依堆高機之構造、材質及貨叉等裝載貨物之重心位置，決定其足以承受之最大荷重。

　　第118條規定：研磨機應於明顯易見處標示下列事項：(1)製造者名稱。(2)製造年月。(3)額定電壓。(4)無負荷回轉速率。(5)適用之研磨輪之直徑、厚度及孔徑。(6)研磨輪之回轉方向。(7)護罩標示適用之研磨輪之最高使用

周速度、厚度、直徑。

　　第119條規定：研磨輪應標示下列事項：(1)製造者名稱。(2)結合劑之種類。(3)最高使用周速度，並得加註旋轉速率。前項標示，於直徑未滿75毫米之研磨輪，得在最小包裝單位上加以標示。

第四節　國際標準ISO12100

　　ISO公布ISO12100:2010「機械安全—供設計用之一般原則—風險評鑑和風險降低」（Safety of machinery -- General principles for design -- Risk assessment and risk reduction）。該標準可保護機械操作者、幫助機械設計師和製造商降低安全危害（經濟部標準局，https://fsms.bsmi.gov.tw/cat/epaper/0002.html）。

　　無論是人、經濟和社會方面，涉及機械的事故通常會付出高額的成本。雖然計算一個精確的金額是不切實際的，但是最近的研究顯示，一個單一事故的總花費對於個人和社會可以高達100萬美元。

　　ISO12100標準可幫助設計人員在機器生產的設計階段中就能夠識別風險，從而降低未來事故發生的機率。該標準所提供的風險評鑑指導方針呈現一系列的邏輯步驟。這將幫助設計人員有系統地決定機械的極限，識別風險危害，如：軋碎、切割、電擊（觸電）或機器疲勞；並且估計從機器故障至人為錯誤所引發的潛在危險。此外，還可以幫助生產者確定機器是否安全，不夠安全的話，再進行重新加工生產，一直重複到機器被確定為可以安全使用的。

　　發展該標準的ISO技術委員會主席克里斯托夫（Christoph）說：「ISO12100將會保護個人遠離傷害，在降低財政支出和人力成本的同時，也確保使用者擁有一個友善的工作環境。」

　　ISO12100:2010取代ISO12100-1:2003、ISO12100-2:2003和ISO14121-

1:2007。該標準為A類規格（基本安全規格），其預定用途是作為B類規格（群組安全規格）或C類規格（個別產品安全規格）的基礎，如**表6-39**。

表6-39　ISO12100 Type A、B、C之規格

Type A（A類規格）：又稱「基本安全規格」（basic safety standards），主要是解說基本概念，設計原則及一般層面加以規範之規格，大方向的標準，可適用於所有機械的一般情形。
Type B（B類規格）：又稱「群組安全規格」（generic safety standards），主要是針對可以廣泛應用於多種機械的安全觀念或裝置而寫的標準。又可概分為B1及B2兩類： (1)B1類：特定安全功能面之相關規格（如：安全距離、表面溫度、噪音）。 (2)B2類：關於安全相關裝置之規格（如：雙手控制裝置、連鎖裝置、壓力敏感設備等）。
Type C（C類規格）：又稱「個別產品規格」（machine safety standards），係對於特定機械或機械群體之詳細安全要求事項加以規定。

　　ISO發布減輕建築物對環境影響的標準：ISO21931-1:2010。

　　ISO21931-1:2010是由ISO／TC59「建築結構」技術委員會及其小組委員會SC17「可持續性建築結構」所負責制定。其目的在通過一項國際認可評估建築物環境的管理方法以改善建築物環保性能，並旨在消除地區與國家間的差距的方法提供共同表達方式架構的表達方式。該標準適用於所有階段的建築項目，從設計到建築、施工、維修、翻新和撤除，以確保最終完成的建築物為環保建築。

　　在建築物生命週期，建築物吸收大量資源，促進對環境的轉變。因此，建築物對環境產生重大的後果與衝擊。為了測量並瞭解建築物對環境的影響，所使用評估方法是用來確定建築物的環保性能及其相關外部工程。

　　但如何準確使用這些方法以及如何確保建設部門能夠評估一致性？該架構在ISO21931-1:2010標準中闡釋很清楚。ISO21931-1:2010「建築物結構持久性—建築物結構環保性能評估方法架構—第一部分：建築物」講述

機械安全

在評估現存或新的建築物環境績效時，應當考慮的內容及所使用的評估方式。這種評估可用於績效標準，亦可用於體系改進及可持續發展的流程監控。

　　該標準制定小組委員會主席Jacques Lair說：「建築製造業占全球碳排放量約40%，占消耗天然資源40%和占全球廢物產生的40%。故ISO21931-1代表著建築物朝向減少對環境影響與真正達到建築物結構持續性的重要階段。」

　　ISO21931-1:2010是ISO處理建築結構可持續發展的系列之一，該標準將結合下列標準一起使用：ISO14020系列（有關環境標誌）、ISO14040（對建築物生命週期評估）及ISO15392（對建築結構的持續性的一般原則）。

　　風險可由危害事件之嚴重度及可能性的組合來判定，因此事業單位須先建立判定等級之相關基準，作為評估風險的依據。

　　評估嚴重度須考量下列因素：

1.可能受到傷害或影響的部位、傷害人數等。
2.傷害程度，如死亡、永久失能、暫時性失能、急救處理等。**表6-40**為嚴重度分級基準之參考例。

　　評估危害事件發生的可能性時，須考量在目前防護措施保護下，仍會導致該後果嚴重度的機率或頻率。**表6-41**為可能性分級基準之參考例。

　　評估可能性尚須考量下列因素：

1.暴露於危害的頻率及時間等，例如暴露頻率較高或時間較長，則發生危害事件之可能性會較高。
2.現有防護措施的有效性，例如設有氣體偵測器，但無適當的維護保養或定期測試，此裝置宜視為無效的防護設施或等同未設置氣體偵測器。
3.個人防護具的功能及使用狀況。

表 6-40　嚴重度之分級基準

等級		人員傷亡	財產損失及其他間接業務損失
S4	重大	造成一人以上死亡、三人以上受傷，或是可能發生無法復原之職業病的災害。	大量危害物質洩漏； 危害影響範圍擴及廠外，對環境及公眾健康有立即及持續衝擊； 營運期間出現重大或全部損失。
S3	高度	造成永久失能或可能發生可復原之職業病的災害。	中量危害物質洩漏； 危害影響範圍除廠內外，對環境及公眾健康有暫時性衝擊； 最多 2 周的時間關閉或停工。
S2	中度	須外送就醫，且造成工時損失之災害或可能發生因職業健康問題造成工時損失之狀況。	少量危害物質洩漏； 危害影響限於工廠局部區域； 部分關閉或停工。
S1	輕度	僅須急救處理，或外送就醫，但未造成工時損失之輕度災害或可能發生因職業健康問題造成工作效率降低之現象。	微量危害物質洩漏； 危害影響限於局部設備附近，或無明顯危害； 運營短暫中斷或未中斷。

備註：上述分級基準可須依實際需求予以調整（包含等級之增減）。

表 6-41　可能性之分級基準

等級		預期危害事件發生之可能性
P4	極可能	每年 1 次（含）以上； 在製程、活動或服務之生命週期內可能會發生 5 次以上
P3	較有可能	每 1-10 年 1 次； 在製程、活動或服務之生命週期內可能會發生 2 至 5 次以上
P2	有可能	每 10-100 年 1 次； 在製程、活動或服務之生命週期內可能會發生 1 次
P1	不可能	低於 100 年 1 次； 在製程、活動或服務之生命週期內不太會發生

備註：上述分級基準可擇一使用，並依實際需求予以調整（包含等級之增減）。多數所鑑別出之潛在危害事件，截至風險評估執行前並未發生過，要預估該危害事件多久會發生一次有其困難度，且常因評估人員的主觀判斷而有不同的結果。因此，在評估及審核時，須注意評估結果的一致性。

擬採4×4風險矩陣（如**表6-42**）來評估，利用定性描述方式來評估危害的風險程度及決定是否須採取風險降低控制措施的方法。必要時，會依據事業單位作業之規模及特性選擇更多階層的風險矩陣模式，將危害事件之風險作較多程度之分級。除風險矩陣模式外，也可將可能性及嚴重度依不同等級給予不同評分基準，再以其乘積作為該危害事件之風險值。

表 6-42　風險等級之分級基準

		可能性等級			
		P4	P3	P2	P1
	S4	5	4	3	2
	S3	4	3	3	2
	S2	3	3	2	1
	S1	2	2	1	1

備註：上述分級基準可依實際需求予以調整。

可接受風險的定義為「已被降低至某一程度，且基於事業單位適用的法規強制性與本身的職業安全衛生政策，可被容忍的風險。」因此，採取控制措施以降低高風險，建議可接受風險的基準如下：

1. 依前述風險分級針對不同的風險程度，規範須採取的因應對策，如**表6-43**所示。

2. 事先與事業單位訂出不可接受風險的判定基準，作為在執行風險評估過程中，判定不可接受風險之依據。此種方式是為了避免事業單位其後續需配合採取相關控制措施，而故意低估其實際的風險。

3. 對所評估出之風險等級進行統計，確認出各風險等級之比率，考量現有人力及財務資源等因素，事業單位可逐年訂出不可接受風險之值或比率（如**圖6-11**所示），以達持續改善之承諾。例如於管理階層審查或職業安全衛生委員會等會議上，依據年度執行結果及可用資源等，定出次年度不可接受風險之基準。

表6-43　風險控制規劃之參考範例

風險等級	風險控制規劃	備註
5－重大風險	須立即採取風險降低措施，在風險降低前不應開始或繼續作業。	不可接受風險，對於重大及高度風險者須發展降低風險之控制措施，將其風險降至中度以下。
4－高度風險	須在一定期限內採取風險控制措施，在風險降低前不可開始作業，可能需要相當多的資源以降低風險，若現行作業具高度風險，須儘速進行風險降低措施。	
3－中度風險	須致力於風險的降低，例如： ・基於成本或財務等考量，宜逐步採取風險降低措施、以逐步降低中度風險之比例。 ・對於嚴重度為重大或高度的中度風險，宜進一步評估發生的可能性，作為改善控制措施的基礎。	
2－低度風險	暫時無須採取風險降低措施，但須確保現有防護措施之有效性。	可接受風險，須落實或強化現有防護措施之維修保養、監督查核及教育訓練等機制。
1－輕度風險	不須採取風險降低措施，但須確保現有防護措施之有效性。	

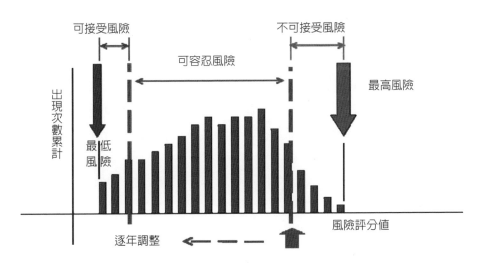

圖6-11　不可接受風險基準參考例

不論利用何種方式決定不可接受風險，對於在評估過程如發現有違反職業安全衛生法規之要求者，須將其納入不可接受風險的項目，並依法規要求進行改善。

對於爲降低風險所採取的防護措施，須預估其完成後的殘餘風險，作爲事業單位審核確認的參考，且須於完成後確認其控制成效能否達成預期目標。若無法達成預期目標，須再考量採取其他控制措施，使其殘餘風險降低至預期可接受的程度。

依所定的風險等級判定基準評估，評估事業單位採取控制措施後的殘餘風險，包含：

1.是否可降低危害事件的嚴重度？可降至何種等級？
2.是否可降低危害事件的可能性？可降至何種等級？
3.依降低後的嚴重度及可能性，該危害事件之風險等級可降至何種等級？

表6-44爲依**表6-43**基準評估採取控制措施後之殘餘風險。對所採取的控制措施，事業單位應定期監督控制措施的執行狀況，確保其依既定時程完成，並於完成後確認其控制成效。如無法達成預定的控制成效，須修正原控制措施或另提其他有效的控制措施。控制措施完成後，須將其納入績效監督與量測機制之中，以確保其持續符合性，並納爲管理階層審查的輸入資料。

表6-44 評估採取控制措施後之殘餘風險

公司名稱	部門	評估日期	評估人員		審核者	XXX	XXX
SAHTECH	XXX	108.3.20	XXX				

1.作業／流程名稱	2.辨識危害及後果	3.現有防護設施	4.評估風險			5.低風險所採取之控制措施	6.控制後預估風險		
			嚴重度	可能性	風險等級		嚴重度	可能性	風險
金屬銑床加工（範例）	人員上下料切割	無	S3	P3	3	導入機械手臂利用手臂上下料，架設圍籬並設置門檢開關，人員僅需定期至料台補／收貨	S3	P1	2
加工成品去毛邊（範例）	人員操作手部捲入	無	S3	P3	3	導入機械手臂利用手臂進行砂輪機去毛邊作業，架設圍籬並設置門檢開關，人員僅需定期至料台補／收貨	S3	P1	2

Chapter
7

機械安全防護應用實例

案例❶：銑床轉動部分無安全防護裝置

　　勞工操作無安全防護裝置之銑床或人員接近銑床時，不慎其手部、身體及衣著可能被轉動之皮帶捲入，造成人員受傷。

改善前：帶輪、傳動輪、傳動帶等有危害勞工之虞之部分，未設置護罩、護圍、套胴等安全防護設備（「職業安全衛生設施規則」第43條）。

改善後：傳動輪、傳動帶已設置護罩，確保人員作業安全。

案例❷：塗布機轉動部分無安全防護裝置

勞工操作無安全防護裝置之塗布機或人員接近塗布機時，不慎其手部、身體及衣著可能被轉動之滾輪捲入，造成人員受傷。

改善前：塗布機捲入點（高速迴轉部分）未裝設安全防護裝置，有夾捲危害之虞未裝置護罩、護蓋或其他適當之安全裝置（「職業安全衛生設施規則」第63、78條）。

改善後：塗布機已裝置護罩為安全裝置，以確保勞工作業安全。

案例❸：研磨機高速迴轉部分無安全防護裝置

勞工操作無安全防護裝置之研磨機或人員接近研磨機時，不慎其手部、身體及衣著可能被轉動之研磨輪捲入，造成人員受傷。

改善前：研磨機機械高速迴轉部分易發生危險者，未裝置護罩、護蓋或其他適當之安全裝置（「職業安全衛生設施規則」第63條）。

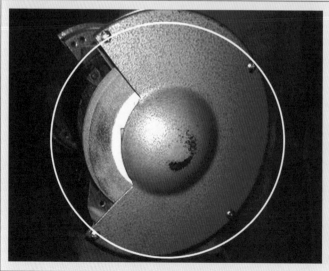

改善後：研磨機已裝置護罩為安全裝置，以避免勞工發生切割危害。

案例❹：離心機械無覆蓋及連鎖裝置

　　勞工操作離心脫水機時，脫水機內部之原料、物件可能飛出，造成人員傷害，亦可能在脫水機尚未停止，人員到脫水機內部拿取物件時，手部或衣物被轉動的槽體捲入，造成人員傷害。

改善前：離心機械（脫水機）未設置覆蓋及連鎖裝置（「職業安全衛生設施規則」第73條）。

改善後：離心機械（脫水機）已設置覆蓋及安全連鎖裝置（機械式）。

機械安全

案例❺：排風機葉片未設護網

排風機葉片雖裝有金屬隔條，人員手指或衣物接近風扇時，仍有被轉動的風扇葉片打到或捲入之虞，造成人員傷害。

改善前：排風機之葉片，有危害勞工之虞者，未設護網或護圍等設備（「職業安全衛生設施規則」第83條）。

改善後：排風機之葉片，有危害勞工之虞者，已設護網。

案例❻：吊鉤無防止物落之裝置

　　起重機具之吊鉤，無防止物體脫落之裝置，當人員進行吊掛作業時，吊掛物易從吊鉤脫落，可能造成吊掛物下方人員受傷或物體損壞。

改善前：起重機具之吊鉤，無防止物體脫落之裝置（「職業安全衛生設施規則」第90條）。

改善後：固定式起重機之吊鉤設置防止吊掛物脫落之防滑舌片。

機械安全

案例❼：高速迴轉部分未裝設安全裝置

　　馬達與抽水機間之連軸器在高速迴轉時產生捲入點，人員接近無安全防護之連軸器，衣著或長形物件易發生捲入，造成人員受傷。

改善前：連軸器高速迴轉部分易發生危險者，未裝置護罩、護蓋或其他適當之安全裝置（「職業安全衛生設施規則」第90條）。

改善後：連軸器裝置護罩安全裝置。

案例❽：齒輪、帶輪、飛輪、傳動輪、傳動帶等未有安全防護設備

　　勞工操作或人員接近無安全防護裝置的機械設備之傳動機構時，不慎其手部、身體及衣著可能被轉動之齒輪、傳動輪、傳動帶等捲入，造成人員受傷。

改善前：齒輪、傳動輪、傳動帶等有危害勞工之虞之部分，未裝設護罩、護圍等設備（「職業安全衛生設施規則」第43條）。

改善後：齒輪、傳動輪、傳動帶等裝設護圍。

案例❾：木材加工用帶鋸鋸齒未設安全防護設備

　　勞工操作無安全防護裝置之木材加工用帶鋸或人員接近帶鋸時，不慎其手部、身體可能被轉動之帶鋸切、割傷。

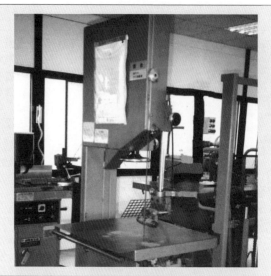

改善前：木材加工用帶鋸鋸齒及帶輪，未設置護罩或護圍等設備（「職業安全衛生設施規則」第64條）。

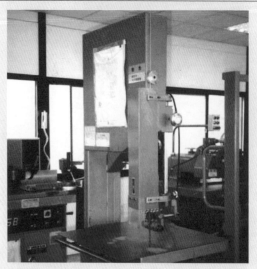

改善後：木材加工用帶鋸鋸齒及帶輪設置護罩。

案例⓾：手推鉋床轉動區未設安全防護裝置

　　勞工操作無安全防護裝置之手推鉋床或人員接近手推鉋床轉動區時，不慎其手部、身體可能被轉動之鉋刀切、割傷。

改善前：手推鉋床轉動區未設刃部接觸預防裝置（「機械設備器具安全標準」第50條）。

改善後：手推鉋床轉動區設調整式護蓋刃部接觸預防裝置。

案例⓫：剪床之剪切部位未設安全防護裝置

　　勞工操作無安全防護裝置之剪床或人員接近剪床剪切區時，不慎其手部、身體可能被剪床之刀具切傷。

改善前：以動力驅動之剪斷機械，未有安全護圍（「機械設備器具安全標準」第4條）。

改善後：以動力驅動之剪斷機械，裝設安全護圍。

案例⑫：衝床之滑塊衝模動作區未設安全防護裝置

　　勞工操作無安全防護裝置之衝床，或人員接近衝床之滑塊衝模動作區時，不慎其手部、身體可能被衝床之滑塊衝模壓傷。

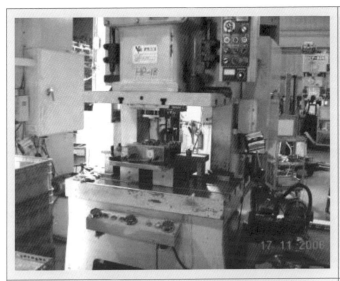

改善前：衝床之滑塊衝模動作區未設安全防護裝置（「機械設備器具安全標準」第4、5、6條）。

改善後：衝床之滑塊衝模動作區裝設光柵感應式安全裝置。

機械安全

案例⓭：木材加工用圓盤鋸未設安全防護裝置

　　勞工操作無安全防護裝置之木材加工用圓盤鋸或人員接近圓盤鋸時，不慎其手部、身體可能被轉動之圓盤鋸切、割傷，或被反撥之木材撞擊受傷。

改善前：木材加工用圓盤鋸未裝設安全防護裝置（「機械設備器具安全標準」第60條）。

改善後：木材加工用圓盤鋸裝設鋸齒接觸預防裝置及反撥預防裝置。

案例⑭：堆高機未設後扶架

勞工操作未設後扶架之堆高機時，當托板升起、桅桿後傾之際，若堆高之貨物掉落，將導致勞工被掉落之貨物撞擊受傷。

改善前：推高機無後扶架（「機械設備器具安全標準」第80條）。

改善後：堆高機設置後扶架。

後扶架

197

案例⑮：維修作業未採上鎖或設置標示等措施

　　勞工進行機械設備維修作業時，其動力未採上鎖或設置標示等措施，若不慎誤觸起動開關或他人誤送電，將使維修中之機械設備運轉，造成維修人員之傷害。

改善前：修理或調整有導致危害勞工之虞者，未採上鎖或設置標示等措施（「職業安全衛生設施規則」第57條）。

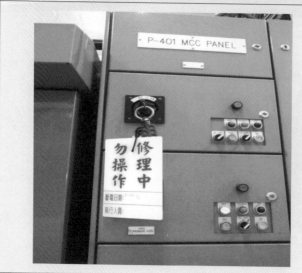

改善後：修理或調整有導致危害勞工之虞者，進行動力源上鎖掛牌。

參考文獻

李平雄等人，《機件原理》，華興文化事業有限公司，2015。

勞動部勞動及職業安全衛生研究所，《機械安全標準納入設計實務之案例製作》，2013。

勞動部勞動及職業安全衛生研究所，《機械設計安全基準與風險控制研究》，2013。

勞動部勞動及職業安全衛生研究所，《設計階段導入機械安全標準降低風險之探討及個案研究》，2014。

勞動部，《職業安全衛生法》，2019。

勞動部，《機械設備器具安全標準》，2018。

勞動部，《職業安全衛生設施規則》，2020。

勞動部，《勞動檢查年報》，2019。

經濟部中央標準局，《中華民國國家標準》，機械安全—控制系統安全相關部分—第1部：一般設計原則，2015。

勞動部，《機械完整性管理程序參考手冊》，2019。

勞動部勞動及職業安全衛生研究所，《檢查常見缺失與改善方法圖例彙編—製造業篇》，2008。

國際標準ISO13849-1，機械安全—控制系統的相關安全零件（第1篇一般設計原理），2006。

日本中央勞働災害防止協會，《機械設備風險評估手冊—機械設備製造者用別冊》，2012。

《機械安全設計指南》，2007，http://www.nenin.com.tw/OMRON-CDROM/pdf/SAFETY-SAFE/%E6%8A%80%E8%A1%93%E6%8C%87%E5%8D%97.pdf

JIS B 9700-1-2004, Safety of machinery-Basic concepts general principles for design-Part1.

EN ISO13849-1:2015(E), Safety of machinery – Safety related parts of control systems – Part1: General principles for design.

EN ISO14121-1-2007, Safety of machinery - Risk assessment - Part 1 Principles.

EN ISO12100:2010, Safety of machinery - General principles for design - Risk assessment and risk reduction.